Anselm Grün

Die Fesseln lösen

Anselm Grün

Die Fesseln lösen

Wege aus der Opferrolle

Vier-Türme-Verlag

Inhalt

Einleitung

In Seelsorgegesprächen begegne ich immer wieder Menschen, die sich als Opfer fühlen: von familiären Konflikten, von ungerechten Strukturen am Arbeitsplatz, als Opfer ungerechter Behandlung in der Gesellschaft oder einer Politik, die ihre Bedürfnisse nicht ernst nimmt. Viele sind auch tatsächlich Opfer geworden von ungerechten Verhältnissen in der Gesellschaft, von einer Missachtung ihrer berechtigten Anliegen durch die Politik. Und viele werden im familiären Umfeld verletzt und dadurch zum Opfer. Aber zugleich spüre ich, dass manche gerne in dieser Opferrolle bleiben. Und dann merke ich, dass ich selbst manchmal aggressiv werde. Ich habe den Eindruck, dass die Gespräche nicht weiterhelfen, dass man immer wieder um die alten Verletzungen kreist.

Drei Bücher haben mich für das Thema der Opferrolle sensibilisiert:

Zunächst das Buch von Verena Kast: »Abschied von der Opferrolle«. Es bezieht sich vor allem auf die persönlichen Verletzungen und Konflikte, in die wir geraten. Seit ich dieses Buch gelesen habe, begegnet mir in der persönlichen Begleitung immer wieder dieses Thema, sich von der Opferrolle zu verabschieden und den Spielraum zu nutzen, der jedem trotzdem bleibt, der verletzt wird und in Konflikte gerät.

Das zweite Buch ist von Pascal Bruckner, der sich vor allem auf die gesellschaftliche und politische Ebene bezieht: »Ich leide, also bin ich«. Paschal Bruckner bezieht sich auf die Tendenz vieler Menschen und Gruppen, sich in der Gesellschaft als Opfer zu fühlen und dann extreme Forderungen an die Öffentlichkeit zu stellen. Es ist ein modernes Thema. Denn in unserer Gesellschaft fühlen sich viele Gruppen als Opfer. Und ohne, dass sie es merken, werden sie zu Tätern. So fühlt sich die AFD als Opfer einer verfehlten Flüchtlingspolitik. Und sie werden mit ihrer harten und unbarmherzigen Sprache selbst zu Tätern.

Das dritte Buch ist von Alexander und Margarete Mitscherlich: »Die Unfähigkeit zu trauern«. Sie haben es schon vor fast fünfzig Jahren mit Blick auf die Vergangenheitsbewältigung der Deutschen geschrieben, im Blick auf das Unrecht, das die Nazis nicht nur an den Juden, sondern an vielen anderen Völkern begangen haben. Bei meinen Besuchen in Brasilien, Chile und Taiwan wurde ich mit dem Thema der Bewältigung politischen Unrechts konfrontiert.

Als Deutsche haben wir selbst viele schmerzliche Erfahrungen im Umgang mit Opfern und Tätern machen müssen, sowohl nach dem Zusammenbruch der Naziherrschaft als auch nach der Wiedervereinigung 1989 in der Auseinandersetzung mit dem kommunistischen Regime in der DDR. Daher lud mich im Jahr

2017 meine taiwanesische Verlegerin Hsin-Ju Wu ein, in einem ökumenischen Gottesdienst, an dem auch der Vizepräsident Taiwans teilnahm, zum Thema »Aufarbeitung der Vergangenheit« einen Vortrag zu halten. Gedanken, die ich damals entwickelt habe, sind in dieses Buch eingeflossen. Einige Zeit vorher hatte mich schon die Kommission für Gerechtigkeit und Frieden der brasilianischen Bischofskonferenz gebeten, bei meinem Besuch etwas zur Aufarbeitung des Unrechts in Brasilien zu sagen. Meine Gedanken wollen nicht den Anspruch erheben, das Problem von Opfern und Tätern zu lösen. Sie wollen nur anregen, Wege der Aufarbeitung und der Versöhnung zu suchen.

Es sind für mich drei wichtige Grundthesen, die gleichzeitig in den Blick genommen werden müssen, wenn wir das Thema Opfer und Täter im Bereich der Gesellschaft und auch im persönlichen Umfeld behandeln:

Die erste Grundthese ist der Grundsatz des Philosophen Max Horkheimer (1895–1973), den er in seinem Buch »Die Sehnsucht nach dem ganz Anderen« entwickelt hat: dass die Täter nicht über ihre Opfer triumphieren dürfen. Das meint, dass die Täter zur Rechenschaft gezogen werden müssen und nicht einfach entschuldigt werden dürfen.

Die zweite Grundthese ist die von Alexander Mitscherlich (1908–1982), einem deutschen Arzt und Psychologen, die er in seinem oben schon erwähnten berühmten Buch, das zum Kultbuch der 68er-Generation wurde, aufgestellt hat: dass das

Unrecht betrauert werden muss. Wenn die Gesellschaft das Unrecht nicht betrauert, das sie begangen hat, dann erstarrt sie. Darauf möchte ich weiter unten noch eingehen.

Die dritte Grundthese stammt von der Schweizer Psychologin Verena Kast, die in ihrem gleichnamigen Buch davon spricht, dass die Opfer Abschied nehmen müssen von ihrer Opferrolle. Verena Kast nimmt in ihrem Buch das Thema des sexuellen Missbrauchs bewusst heraus. Dafür, so meint sie, gelten andere Gesetze. Aber auch in diesen Fällen wäre irgendwann der Zeitpunkt, an dem man die Opferrolle hinter sich lassen sollte, um ein selbstbestimmtes Leben zu führen. Sonst besteht die Gefahr, dass die Opfer selbst zum Täter werden und so der Kreislauf von Täter und Opfer von Neuem beginnt.

Neben den vielen Menschen, die wirklich zum Opfer von Gewalt geworden sind, gibt es aber – so meint der französische Philosoph Pascal Bruckner – auch die Gefahr, dass Menschen in diese Rolle schlüpfen. Sie bezeichnen sich als Opfer, um daraus für sich selbst Kapital zu schlagen. Das erlebe ich auch oft in Begleitungsgesprächen. Da fühlen sich Menschen in Konfliktsituationen mit Verwandten und Freunden oder mit Kollegen und Kolleginnen bei der Arbeit als Opfer und üben dadurch Macht aus über den Konfliktpartner. Vor allem für diese Menschen gilt der Grundsatz von Verena Kast, sich von der Opferrolle zu verabschieden.

So möchte ich in diesem Buch über die beiden Bereiche Gesellschaft und persönliche Beziehungen schreiben, über die Menschen, die wirklich Opfer geworden sind und als Opfer gewürdigt werden müssen, und über jene, die die Opferrolle nur einnehmen, um für sich Vorteile zu erzielen. Ich möchte aber auch über die Täter schreiben, über die Ursachen, warum sie zu Tätern geworden sind, und über Wege der Verwandlung und Heilung, damit auch sie frei von ihrer Täterrolle werden. So geht es mir in diesem Buch nicht um Anklage, sondern um Heilung – um Heilung der Opfer *und* der Täter, um Vergebung und Versöhnung zwischen Opfern und Tätern.

Wenn wir von Opfern sprechen, ist es auch angemessen, auf das Opfer Jesu Christi einzugehen. Im Deutschen kennen wir für den Umstand, dass jemand durch andere verletzt oder traumatisiert worden ist, nur den einen Begriff »Opfer«. Das Lateinische unterscheidet dagegen sehr genau zwischen *sacrificium*, dem Opfer, das ich für andere darbringe, und *victima*, dem Opfer, zu dem ich durch andere werde. Das deutsche Wort »Opfer« kommt vom lateinischen Wort *offerre*, was »darbringen«, »hingeben« bedeutet. Jesus ist zum Opfer – *victima* – der römischen Besatzungsmacht und des Neides der Sadduzäer und Pharisäer geworden. Aber er hat das Opfer, das er geworden ist, in ein aktives Sich-Opfern, Sich-Hingeben verwandelt. Für mich kann das Nachdenken über das Opfer Christi auch ein Weg sein, mit der eigenen Opferrolle aktiv umzugehen, anstatt in ihr auszuharren.

So hoffe ich, dass sowohl die spirituellen als auch die psychologischen Überlegungen in diesem Buch den Menschen, die Opfer geworden sind, einen Weg zeigen, wie sie mit ihrer Opferrolle umgehen können. Auch biblische Bilder sollen dabei zur Sprache kommen. Die Bilder wollen sich in uns einbilden, damit wir mit einem neuen Blick auf unser Opfersein und unsere Opferrolle schauen und Wege zur Verwandlung finden.

1. Opfer und Täter im Neuen Testament

Das Markusevangelium erzählt uns eine Geschichte, an der wir sehen können, wie Jesus mit Opfern und Tätern umgeht (Markus 3,1–6). Hier sehe ich die drei Grundsätze von Horkheimer, Mitscherlich und Kast verwirklicht.

Da ist ein Mann mit einer verdorrten Hand. Man könnte sagen: Dieser Mann ist ein Opfer von Verletzungen geworden. Und als Opfer traut er sich nicht, seine Hand auszustrecken, aus Angst, er könnte sich im übertragenen Sinn die Finger verbrennen. Er passt sich an, um nicht aufzufallen. Der Mann erinnert mich an viele Menschen, die sich nach 1945 nicht getraut haben, ihr Unrecht öffentlich zu machen, aus Angst, dass die Täter des alten Regimes immer noch die Macht haben, sich zu rächen. Niemand wusste so genau, an welchen Stellen im Staat und der Öffentlichkeit noch immer Nazi-Größen das Sagen hatten, die nun einfach das Parteibuch gewechselt oder sich nicht zu erkennen gegeben hatten.

Dann gibt es in der biblischen Geschichte die Pharisäer, die genau darauf achten, dass Jesus die Gesetze einhält. Man könnte sie als Täter bezeichnen. Als Täter wachen sie darüber, dass alles beim Alten bleibt, dass da nicht einer das alte Gefüge infrage stellt. Man will das Unrecht nicht anschauen. Man versteckt sich hinter äußeren Normen. Jesus behandelt sowohl das Opfer als auch die Täter. Und mit seinem Handeln befreit er das Opfer aus der Macht der Täter. Die Täter stellt er vor ihre eigene Wahrheit. Das Ziel des Handelns Jesu ist die Befreiung des Opfers aus der Hand der Täter und die Verwandlung der Täter.

Es sind für mich vier Schritte, in denen Jesus dies vollzieht. Der erste Schritt: Er sagt zu dem Mann mit der verdorrten Hand:

> »Steh auf und stell dich in die Mitte!«
>
> Markus 3,3

Das Opfer soll sich sozusagen vor die Täter stellen und sich nicht weiter verstecken. Es soll nicht weiter in der passiven Rolle des Angepassten bleiben. Der Mann, der sich zurückgezogen hat, um nicht noch einmal verletzt, nicht ein zweites Mal zum Opfer zu werden, soll sich in die Mitte stellen und seine eigene Mitte finden. Dann haben die Täter keine Macht mehr über ihn.

Der zweite Schritt: Jesus entmachtet die Täter, indem er ihnen eine Frage stellt:

> »Was ist am Sabbat erlaubt: Gutes zu tun oder Böses, ein Leben zu retten oder es zu vernichten?«
>
> Markus 3,4

Mit dieser Frage deutet Jesus die Haltung der Täter, sich hinter den Normen und dem Gewohnten zu verstecken, als »Böses tun« und »Leben vernichten«.

In vielen Zusammenhängen haben sich Täter in ihrem Tun auf Normen berufen, etwa auf den Gehorsam dem Staatsoberhaupt oder ihrem Vorgesetzten gegenüber. Das hat in Deutschland in der Zeit der Naziherrschaft Millionen Menschen ihr Leben gekostet. Auch diese Menschen haben »Böses getan« und »Leben vernichtet«. Auf die Frage Jesu hin sind die Täter sprachlos. Sie schweigen. Sie spüren, dass da einer ist, der ihre Macht infrage stellt. Aber sie geben ihre Verunsicherung nicht zu, sondern verstecken sich hinter ihrem Schweigen.

Doch Jesus lässt nicht locker. Der dritte Schritt der Befreiung der Opfer aus der Hand der Täter besteht darin, dass Jesus die Täter vereinzelt. Er sieht jeden Einzelnen an, und zwar »voll Zorn und Trauer über ihr verstocktes Herz«. »Voll Zorn« heißt nicht, dass Jesus sie anschreit. Er vermittelt ihnen vielmehr: »Da seid ihr mit eurer harten Haltung. Die lasse ich bei euch. Ich aber stehe hier und tue das, was mir von Gott her richtig erscheint. Ich gebe euch keine Macht.« Jesus distanziert sich von den Tätern, um frei handeln zu können. Man könnte die Haltung Jesu aber auch als Einladung an uns sehen: Die Gesellschaft, die Kirche muss den Zorn über das Unrecht zulassen und angemessen zum Ausdruck bringen. Ohne Zorn gibt es keine wirkliche Distanzierung von den Tätern. Der Zorn Jesu gegenüber den Pharisäern, die mit ihrer Normfixierung Menschen zu

Opfern machen, entspricht dem Grundsatz von Max Horkheimer, dass die Täter nicht über ihre Opfer triumphieren dürfen. Jesus konfrontiert die Täter mit ihrem Handeln. Er entmachtet sie, sodass sie nicht mehr über die Opfer triumphieren können.

Doch neben dem Zorn fühlt Jesus auch Trauer. Er lädt uns mit seiner Trauer ein, der Aufforderung von Alexander Mitscherlich nachzukommen, dass wir das Unrecht betrauern müssen. Das griechische Wort *syllypoumenos – syn-* bedeutet »mit« und *lypoumenos* bedeutet »trauern, fühlen, leiden« – zeigt, dass Jesus mitfühlt. Er fühlt sich ein in das verstockte Herz der Pharisäer.

Die griechischen Handschriften des Markusevangeliums, die uns überliefert sind, deuten das Herz der Pharisäer verschieden. Da ist in einer Handschrift vom toten, erstorbenen Herz die Rede und in einer anderen von der Blindheit des Herzens oder von der Verschlossenheit und Verhärtung des Herzens die Rede. All das sind Beschreibungen von Menschen, die herzlos geworden sind, die ihre Beziehung zu ihrem Herzen abgeschnitten haben.

Jesus fühlt sich in diese Menschen hinein: Wie bitter mag es in einem Herzen sein, das sich vor jeder Not anderer verschließt? Man könnte auch sagen: mit der Vorsilbe syn = »mit«, die in dem griechischen Ausdruck steckt, den Markus hier verwendet, reicht Jesus den Pharisäern seine versöhnende Hand. Er möchte trotz ihrer Herzenshärte mit ihnen in Beziehung treten und hat die Hoffnung, dass das tote Herz doch noch lebendig werden kann, dass das hart gewordene Herz sich erweicht. Aber die Pharisäer weisen die dargebotene Hand zurück.

Jesus entmachtet also die Täter einmal durch seine Frage, dann durch die Vereinzelung, indem er jedem Einzelnen mit seinem Zorn und seiner Trauer begegnet. Jesus klagt die Täter nicht an, er möchte sie stattdessen verwandeln. Doch offensichtlich gelingt es Jesus hier nicht, denn am Ende der Geschichte heißt es:

> »Da gingen die Pharisäer hinaus und fassten zusammen mit den Anhängern des Herodes den Beschluss, Jesus umzubringen.«
>
> Markus 3,6

Den vierten Schritt der Befreiung des Opfers aus der Hand der Täter beschreibt Markus so: Jesus sagt zu dem Mann mit der verdorrten Hand, er solle seine Hand ausstrecken. Er will damit sagen: »Warte nicht, bis die Täter ihre Schuld einsehen, bis sie umkehren. Nimm jetzt dein Leben selbst in die Hand. Und sei kreativ. Streck deine Hand aus, überlege, wie du dein Leben gestalten, wie du Wege finden kannst, trotz der Täter als aufrechter Mensch zu leben.« Jesus ermutigt das Opfer zu kreativen Lösungen, welche die Täter entmachten und eine Versöhnung ermöglichen. Er lädt das Opfer ein, sich von seiner Opferrolle zu verabschieden und sein Leben selbst in die Hand zu nehmen. Jesus gibt dem Mann mit der verdorrten Hand die Kraft dazu, dass er nicht länger in der Opferrolle verharren muss.

2. Opfer und Täter in der modernen Gesellschaft

In diesem Kapitel möchte ich die drei Grundthesen, die ich in der Einleitung bereits angesprochen habe, ausführlicher behandeln. Ich beziehe mich dabei vor allem auf den Vortrag, den ich zur Aufarbeitung der Vergangenheit in Taiwan gehalten habe. Hintergrund ist, dass der chinesische Befehlshaber Tschiang Kai Schek nach seiner Niederlage gegen Mao Tse-tung auf seiner Flucht nach Taiwan über 20.000 taiwanesische Bürger, vor allem Christen, die sich sozial engagiert hatten, umbringen ließ. Dieses Unrecht wurde nie wirklich aufgearbeitet. Die folgenden Gedanken können jedoch sicher auch eine Hilfe für die Aufarbeitung ähnlichen Unrechts in Deutschland, Brasilien, Argentinien und Chile und anderen Ländern sein.

Betrauern, was geschehen ist

Der deutsche Psychologe und Arzt Alexander Mitscherlich schrieb im Jahr 1967 gemeinsam mit seiner Frau das oben schon erwähnte wegweisende Buch: »Die Unfähigkeit zu trauern«. Darin geht es um die Tatsache, dass die deutsche Gesellschaft nach dem Krieg unfähig schien, das Unrecht, das im Dritten Reich geschehen war, zu betrauern. Man wusste von den Verbrechen der Nazis im In- und Ausland, aber man machte sich lieber an den Aufbau der Wirtschaft als an die Aufarbeitung der Vergangenheit. Das Wirtschaftswunder in den 50er- und 60er-Jahren hatte alle Kräfte in Anspruch genommen, da wollte man sich dem Unrecht der Vergangenheit nicht stellen. Mitscherlich sagt jedoch in seinem Buch: Wenn das begangene Unrecht nicht betrauert wird, führt das zu einer Erstarrung der Gesellschaft. Aus dieser Erstarrung der Gesellschaft heraus entwickelten sich die Studentenunruhen ab 1968. Die junge Generation nach dem Krieg hatte ein Gespür dafür, dass etwas in der Gesellschaft nicht stimmte, dass die gleichen Beamten, die im Dritten Reich für die Nazis gearbeitet hatten, auch jetzt an wichtigen Schaltstellen saßen. Betrauern heißt in diesem Fall: die Vergangenheit aufdecken, die Leiden und Schmerzen der Vergangenheit wahrnehmen, sie würdigen und dann durch den Schmerz hindurchzugehen, um zu einem neuen Frieden zu gelangen. Die Psychologie spricht hier von Trauerarbeit. Es ist tatsächlich harte Arbeit, die Vergangenheit auf diese Weise zu bewältigen. Ohne Trauerarbeit kann die Vergangenheit nicht verwandelt werden. Und nur wenn sie verwandelt wird, kann eine Gesellschaft mit ihrer Vergangenheit Frieden schließen.

Margarete Mitscherlich widmete sich auch dem eher persönlichen Aspekt dieses Themas und beschrieb in dieser Hinsicht das Betrauern so: Ich muss durch den Schmerz hindurchgehen, durch zerbrochene Lebensträume, verpasste Chancen und meine eigene Durchschnittlichkeit, um so in den Grund meiner Seele zu gelangen. Wer diesen Weg nicht geht, erstarrt in seiner persönlichen Entwicklung. Unverarbeitetes Leid wird über Generationen hinweg weitergegeben. Es führt bei den Betroffenen oft zu Gefühllosigkeit und Mangel an Mitgefühl. Daher muss auch das Leid vergangener Zeiten, das uns heute noch betrifft, betrauert werden. Wer sich dem nicht stellt, wird an der Oberfläche des Schmerzes stehen bleiben und entweder jammern und im Selbstmitleid schwimmen oder andere anklagen und sie für das eigene Schicksal verantwortlich machen. Nur wer durch den Schmerz hindurchgeht, gelangt in den Grund seiner Seele und entdeckt dort seine eigenen Stärken, seine eigene Identität.

Dieses Modell lässt sich auch auf die politische Situation anwenden: Wir müssen betrauern, dass die deutsche Bevölkerung die brutale Herrschaft der Nazis ermöglicht hat, dass die brasilianische Gesellschaft die Militärdiktatur geduldet hat, dass es in den kommunistischen Ländern viele Mitläufer gab, auch innerhalb der Kirchen und dass das Massaker vor 70 Jahren in Taiwan geschehen konnte. Die Unrechtssituation, die durch Diktaturen in einem Land entsteht, sagt nicht nur etwas über die Diktatur und die Diktatoren aus, sondern auch über das Volk, das diese Art der Staatsführung ermöglicht hat und sich gefallen lässt. Betrauern heißt: durch den Schmerz hindurchgehen, dass in einem kulturell gebildeten Volk mit langer Tradition – zum Beispiel in Deutschland, Brasilien, Argentinien,

Chile, Polen und Tschechien – eine Diktatur möglich war, während der so viele Menschen gefoltert und ermordet und so viel Unrecht geschaffen wurde. Und wir müssen betrauern, dass in einem sonst so friedlichen Land wie Taiwan ein solches Unrecht geschehen konnte. Wir müssen durch den Schmerz über das Unrecht hindurchgehen, nur dann entdecken wir die positiven Kräfte einer Gesellschaft. Nur dann erkennen wir die tiefste Sehnsucht einer Gesellschaft und ihre wahre Stärke. Wenn eine Gesellschaft Unrecht nicht betrauert, dann bleibt sie entweder im Jammern stecken, dass diese Jahre so schlimm waren. Oder aber sie klagt nur die Diktatoren an, hält sich selbst jedoch von Schuld frei. Doch das führt nicht weiter. Wir müssen durch den Schmerz hindurchgehen und die Regime mit all ihrem Unrecht betrauern. Nur dann kommen wir in Berührung mit den guten Kräften der Gesellschaft.

Wie schon erwähnt, ist Alexander Mitscherlich der Ansicht, dass die Deutschen nach dem Zweiten Weltkrieg die Trauerarbeit verweigert hätten und ihre ganze Energie in den Aufbau der Wirtschaft legten. Diese Fixierung auf den wirtschaftlichen Aufbau hat zum Desinteresse an den politischen Grundrechten geführt. Der äußere Wiederaufbau hinderte die Deutschen daran, »sich verlässlich zu informieren, die Manipulationen zu durchschauen, denen ihre Wertvorstellungen dauernd unterworfen werden« (Mitscherlich 17). Brasilien, Chile, Argentinien und auch Taiwan haben in ähnlicher Weise nach dem Krieg beziehungsweise dem Ende der Diktatur den wirtschaftlichen

Aufbau vorangetrieben. Es bleibt die Frage, ob dieser Aufbau zugleich nicht vieles verdrängt, was noch unter der Oberfläche in den jeweiligen Gesellschaften nachwirkt und sie daran hindert, aus der eigenen Geschichte zu lernen. Die Verleugnung der Vergangenheit bewirkt nach Mitscherlich Sterilität und schränkt die Realitätswahrnehmung ein. Bewältigung der Vergangenheit funktioniert nach Sigmund Freud, den Mitscherlich zitiert, über den Dreischritt »erinnern, wiederholen, durcharbeiten«. Erinnern allein genügt nicht. Denn das verblasst schnell wieder. Die Vergangenheit muss stattdessen durchgearbeitet werden, um das Verleugnen und andere Abwehrmechanismen zu überwinden (vgl. Mitscherlich 24). Daher ist es gut, dass sich die Kommission der brasilianischen Bischofskonferenz für Gerechtigkeit und Frieden auf das Projekt »Erinnerung und Verantwortung« eingelassen hat. Es ist ein Projekt, das das Unrecht in der brasilianischen Geschichte aufarbeiten möchte. Nur dort, wo Erinnerungsarbeit geleistet wird, kann die Verantwortung für die eigene Vergangenheit übernommen werden. Und nur, wo Verantwortung übernommen wird, wird authentische Politik möglich.

Die Kirchen haben in allen Ländern eine wichtige Funktion für die Aufarbeitung der Vergangenheit. Denn es gibt ja auch Formen, mit der Vergangenheit umzugehen, die nur zu neuem Unrecht oder aber zur Spaltung der Gesellschaft führen. Dabei geht es um Aufdecken des Unrechts und zugleich um die Versöhnung. Wenn das Aufarbeiten in der Anklage stecken bleibt, spaltet das die Gesellschaft. Die Kirchen haben immer auch die Aufgabe, ihr eigenes Versagen in der Diktatur einzugestehen, wo sie sich allzu sehr dem herrschenden System angepasst oder sogar unterworfen haben.

Das Ziel jeder Vergangenheitsbewältigung ist eine versöhnte Gesellschaft. Aber es gibt keine Versöhnung, ohne dass die Schuld beim Namen genannt wird. Es geht nicht darum, andere anzuklagen, sondern die Schuld anzuerkennen und sich dazu zu bekennen, damit Vergebung möglich ist, damit die Erstarrung aufgebrochen und neue Lebendigkeit in einer Gesellschaft möglich wird.

Die Sehnsucht nach dem ganz Anderen wachhalten

Ein anderer wichtiger Philosoph im Deutschland der Nachkriegszeit ist Max Horkheimer, der Begründer der sogenannten Frankfurter Schule. Horkheimer war Jude und musste während der Nazizeit in die USA auswandern. 1949 kehrte er an die Universität Frankfurt zurück und übernahm dort den Doppellehrstuhl für Philosophie und Soziologie. Mit seiner fundamentalen Kritik an der bürgerlichen Gesellschaft wurde er zum Star der 68er-Generation.

Geschockt hat er diese jedoch mit seiner Ansicht, die Aufgabe der Religionen sei es, in der Gesellschaft die Sehnsucht nach dem »ganz Anderen« wachzuhalten. Damit meinte er das Transzendente, das Geheimnis, das alles übersteigt. Er war der Ansicht, die Religionen würden dadurch einen wichtigen Beitrag zur Humanisierung der Gesellschaft leisten. Denn die Gesellschaft, so meint Horkheimer, hat in sich immer totalitäre Züge. Das gilt nicht nur für eine Diktatur. Jede Gesellschaft möchte ganz und gar über den Menschen bestimmen. Diese totalitären Züge werden heute immer deutlicher: Die Gesellschaft will den »gläsernen Bürger«, von dem sie alles weiß. Sie will nicht nur sein finanzielles Verhalten, sondern auch seinen Lebensstil kontrollieren und protokollieren. Alles Tun und Denken der Bürger soll ans Licht gezerrt werden. Und all sein Verhalten wird nur noch nach ökonomischen Kriterien beurteilt. Die Ökonomisierung hat heute totalitäre Züge.

Gegen diese totalitären Tendenzen der Gesellschaft hat die Kirche die Aufgabe, die Sehnsucht nach dem »ganz Anderen« wachzuhalten und damit einen Freiraum zu schaffen, in dem der Mensch seine Freiheit spürt, in dem er aufatmet und sich aufrichtet. Dieser Raum der Freiheit schützt die Würde des Menschen. So hat gerade die Religion die Aufgabe, die Menschenrechte gegen die Tendenz der Gesellschaft zu verteidigen, immer mehr ins Leben des Einzelnen hineinzureden und alle seine Tätigkeiten zu kontrollieren. Die Religion ist nicht nur Privatsache. Zwar kann heute jeder seinen Glauben frei wählen. Aber jede Religion hat immer auch eine politische Verantwortung. Sie hat die Aufgabe, in der Gesellschaft einen Freiraum zu schaffen, in dem die Menschen aufatmen können. Und sie hat die Aufgabe, über die Gesellschaft hinauszuweisen. Die Gesellschaft oder deren Erhalt ist nicht das letzte Ziel der Menschheit. Vielmehr werden die Menschen hier auf der Erde nur dann gut zusammenleben können, wenn sie ihrer Sehnsucht trauen, die sie über die Gesellschaft hinausführt in den Bereich der Transzendenz. Gott transzendiert die Gesellschaft. Die Offenheit für Gott befähigt sie, sich von totalitären Zielen und vom Ideal der perfekten Gesellschaft zu verabschieden und menschlich miteinander zu leben. Es braucht in der Gesellschaft Räume und Zeiten, die nicht verzweckt sind, sondern in denen der Mensch zweckfrei seine innere Freiheit erlebt.

Das Aufarbeiten des vergangenen Unrechts gelingt nicht, wenn wir es nur als rein innerweltliche Aufgabe verstehen. Das meint für mich: Es ist wichtig, dass wir auf »das Heilige« schauen, das in den Opfern und in den Tätern ist. Nur der Blick auf das Heilige, das in jedem Menschen ist, bewahrt uns davor, die Täter absolut zu verteufeln. Denn das führt dazu, dass sie zum Objekt unseres Hasses werden, der eine Versöhnung unmöglich macht – nicht nur mit dem Täter, sondern auch mit seinen Taten. Sie bleiben sozusagen an uns haften durch unseren Hass.

Wenn wir aber davon ausgehen, dass »das Heilige«, das oder der »ganz Andere«, das für uns Christen Gott ist, in jedem Menschen vorhanden ist als Ahnung einer unantastbaren Würde und eines heiligen Raumes, der von keinem Menschen zerstört werden kann, dann gelingt es uns, auch in den Tätern Menschen zu sehen, die wie wir selbst Fehler machen, uns aber in diesem Heiligen auch gleich sind. Nur das Heilige – so meinen die Griechen – vermag zu heilen. Der Blick über uns selbst hinaus, die Sehnsucht nach dem »ganz Anderen« in uns zu wecken, das ermöglicht einen angemessenen Umgang mit dem Unrecht der Vergangenheit.

Sicher ist auch das nichts, was man Menschen, die Unrecht erlitten haben, »verordnen« kann. Und als Opfer ist es, je nach Schwere der Tat, sicher auch sehr schwierig, im Täter einen Menschen zu sehen, der einem selbst in irgendeiner Weise ähnlich ist. Dennoch kann es eine Hilfe sein, die Täter wieder zu »vermenschlichen« und damit die Furcht vor ihnen zu verringern. Nur wenn wir den Täter als Menschen sehen, können wir ihn zur Rechenschaft zwingen und ihn dazu drängen, die Verantwortung für seine Taten zu übernehmen. Das wiederum reißt dem Täter die Maske des Bösen herunter und kann dabei helfen, sich aus seiner Macht zu befreien und in ein selbstbestimmtes Leben zu finden.

Die Täter dürfen nicht über ihre Opfer triumphieren

Max Horkheimer hat als Grundthese aufgestellt, dass die Täter nicht über ihre Opfer triumphieren dürfen. Wenn das Unrecht, das in Diktaturen geschehen ist, nicht aufgearbeitet wird, wenn die Herrschenden auch nach dem Ende der Regierungszeit noch

Vorteile aus ihrer ungerechten Herrschaft ziehen, dann triumphieren die Täter eben doch noch nachträglich über ihre Opfer.

Auch in Deutschland haben viele, die im Dritten Reich wichtige Stellungen in der Justiz, in der Verwaltung oder in der Wirtschaft innehatten, in der Nachkriegszeit ihre Macht behalten. Sie hingen zwar offiziell nicht mehr der Nazi-Ideologie an, sondern passten sich der demokratischen Grundordnung an. Aber sie haben auch nachträglich Vorteile aus ihrer Stellung in der Diktaturzeit gezogen.

Ähnliches gilt für die kommunistische Vergangenheit in Ostdeutschland: Viele Opfer dieser Staatsform spüren heute noch eine große Wut darüber, dass die alten Seilschaften, die in der DDR bestanden und aus der die Führungsriege hervorging, sich auch in der neuen Gesellschaft die besten Posten herausgesucht haben, die Fördergelder, die aus dem Westen in den Osten flossen, für sich ausnutzen und wiederum die Gewinner der Gesellschaft sind. Sie selbst dagegen gingen leer aus und haben heute oft noch genug mit den Auswirkungen des DDR-Regimes in vielerlei Hinsicht zu kämpfen.

Johann Baptist Metz, ein katholischer Vertreter der politischen Theologie, versteht die Eucharistie als Einladung, uns selbst mit den Augen der Opfer anzusehen. Er sagt:

> »Das eucharistische Brot des Lebens stärkt uns in der Empfänglichkeit für das Leiden und die Leidenden. Ein Leben, das sich von diesem Brote nährt, lässt die Leiden

in neuer Weise zu, macht die fremden Leiden sichtbar, damit sie sich in die unseren verwandeln«.

Metz 56

Wenn wir in der Eucharistie Tod und Auferstehung Jesu feiern, dann werden wir solidarisch mit allen Menschen, die ähnlich wie Jesus gefangen genommen, gefoltert und gekreuzigt wurden. Metz meint zudem, dass gerade die christliche memoria passionis, also die Erinnerung an die Passion Jesu, die leidunempfindlich gewordene Gesellschaft wieder leidempfindlich machen kann. Menschen, die sich in dieser Weise als Christen verstehen, leisten damit einen wesentlichen Beitrag zu einer menschlicheren Gesellschaft. Denn eine Gesellschaft, die Leid verdrängt, wird immer brutaler. Als Christen schauen wir auf das Kreuz. Das Kreuz Jesu Christi mahnt uns, die Opfer nicht zu vergessen. Es erinnert uns an die vielen Kreuze, die die Opfer tragen mussten, die über ihren Gräbern aufgerichtet sind. Zudem mahnt es uns, nicht von Neuem Kreuze aufzurichten, an die Menschen geschlagen und mit denen sie gefoltert werden.

Die mangelnde Aufarbeitung der Diktaturzeit führt dazu, dass die Opfer weiter Opfer bleiben und die Täter heimlich weiter über sie triumphieren. Doch das wirkt in der Gesellschaft wie Gift. Die Opfer spüren, dass keine Gerechtigkeit herrscht. Zur Gerechtigkeit gehört, dass die Täter zur Rechenschaft gezogen werden. Daher ist es eine wichtige Aufgabe, nach einer Diktatur alle Aufmerksamkeit auf die Gerechtigkeit zu richten. Dazu gehört, dass die Rechte der Opfer wiederhergestellt werden, die

Verbrechen benannt und bestraft werden. Tomáš Halík erzählt von seiner Erfahrung in Tschechien:

> »Ungenannte und ungestrafte Verbrechen wecken in breiten Schichten entweder Skepsis und Misstrauen in die Demokratie oder das Bewusstsein, dass Verbrechen sich auszahlen und die Moral nur eine leere Phrase ist.«
>
> Halík 46

Ohne Gerechtigkeit gibt es keinen Frieden in der Gesellschaft. Die Bibel sagt:

> »Wer Gerechtigkeit sät, wird Frieden ernten.«
>
> Vgl. Sprichwörter 11,18 und Hosea 10,12

Und der Psalmist im Alten Testament verlangt vom König:

> »Er regiere dein Volk in Gerechtigkeit und deine Armen durch rechtes Urteil. Dann tragen die Berge Frieden für das Volk und die Höhen Gerechtigkeit.«
>
> Psalm 72,2f

Frieden wird in einer Gesellschaft nur möglich, wenn die Gerechtigkeit im Blick auf das vergangene Unrecht wiederhergestellt wird.

Es gibt allerdings keine absolute Gerechtigkeit. Es gilt, nach ihr zu streben, aber will man absolute Gerechtigkeit herstellen, gerät man schnell in die Gefahr, neue Opfer und neues Unrecht zu generieren. Heinrich Kleist entwirft in seiner gleichnamigen

Novelle die Gestalt des Michael Kohlhaas, der absolute Gerechtigkeit will und dadurch selbst zum Mörder wird. Gerechtigkeit muss mit Barmherzigkeit verbunden sein, damit sie zum Heil der Gesellschaft und des Einzelnen beiträgt.

Ein weiterer Aspekt in diesem Zusammenhang: Die Täter müssen entmachtet werden, damit die Würde der Opfer wiederhergestellt wird. Maria hat im **Magnificat** Gottes Wirken in Jesus Christus so beschrieben:

> »Er stürzt die Mächtigen vom Thron und erhöht die Niedrigen.«
>
> Lukas 1,52

In Jesus ist Wirklichkeit geworden, was der Prophet verheißen hat:

> »Er schlägt den Gewalttätigen mit dem Stock seines Wortes und tötet die Schuldigen mit dem Hauch seines Mundes.«
>
> Jesaja 11,4

Wer an Jesus glaubt, der muss in seinem Geist die Mächtigen entmachten. Doch das geschieht nicht mit Gewalt, sondern, wie Jesaja sagt, durch das Wort. Das Wort entmachtet die Täter, indem es beschreibt, was sie getan haben. Und das Wort stellt die Würde der Opfer wieder her. Wir müssen eine Sprache finden, die den Opfern gerecht wird und den Tätern ihre Macht nimmt.

Abschied von der Opferrolle

In den Militärdiktaturen Lateinamerikas, im Deutschland zur Zeit der Nationalsozialisten und auch in vielen kommunistischen Ländern gab es unzählige Opfer. Sie wurden verfolgt, gefoltert, ihnen wurde in geistiger und körperlicher Hinsicht Gewalt und Unrecht angetan. Es war nach dem Krieg und ist auch heute noch nach jeder Gewaltherrschaft wichtig, die Opfer zu würdigen und ihr Leiden aufzudecken. Wir dürfen die Bedeutung der Opfer und ihrer Leiden nicht herunterspielen, um sie nicht erneut zu verletzen. Wir müssen auf ihre Stimme hören.

Im Nachkriegsdeutschland waren es vor allem die Dichter und Kunstschaffenden, die das Schreien der Opfer gehört und ihnen eine Stimme gegeben haben. Wolfgang Borchert hat beispielsweise in seinem Theaterstück »Draußen vor der Tür« der Stimme der Opfer in der Gesellschaft Gehör verschafft, ähnlich wie Heinrich Böll in zahlreichen seiner Romane. In jeder Gesellschaft können gerade die Künstler – Dichter, Maler, Bildhauer und Musiker – die Stimme der Opfer hörbar oder sichtbar machen. Schauspiel und Oper, Symphonien und Lieder, Bilder und Skulpturen haben oft die Kraft, das Leid der Opfer darzustellen und ihnen auf diese Weise Gerechtigkeit widerfahren zu lassen – mehr, als das Worte vermögen.

Auch die Kirchen können dazu beitragen, den Opfern eine Stimme zu geben, damit sie selbst in der heutigen Gesellschaft noch gehört werden. Wenn die Menschen ihre Ohren vor den

Schreien der Opfer verschließen, werden sie auch taub gegenüber den Nöten derer, die heute Opfer von ungerechten Strukturen werden.

Aus psychologischer Sicht ist es jedoch ebenso wichtig, nicht in der Opferrolle zu verharren. Verena Kast zeigt in ihrem bereits genannten Buch »Abschied von der Opferrolle« auf, dass Menschen, die Opfer geworden sind, selbst zu Tätern werden, wenn sie keinen Weg aus ihrer Opferrolle finden. Von jemandem, der Opfer geworden ist, gehen aggressive Impulse aus. Neben einem solchen Menschen kann man nur schwer leben. Allerdings bedeutet es auch eine neue Verletzung, wenn man von ihm verlangt, dass er sich gleich nach der Tat von seiner Opferrolle verabschiedet. Der Ausstieg daraus gelingt nur, wenn die Opfer in ihrem Leid ausreichend gewürdigt, die Täter zur Rechenschaft gezogen wurden und die Opfer therapeutische und seelsorgliche Hilfe erfahren, im besten Fall auch finanzielle Wiedergutmachung erhalten haben. Das Ziel der therapeutischen Hilfe ist, durch den Schmerz hindurchzugehen, sich als Opfer anzuerkennen und mit allen Verletzungen anzunehmen, sich dann langsam mit der Situation auszusöhnen und das Leben selbst in die Hand zu nehmen. Hildegard von Bingen nennt das Ziel der Menschwerdung, die Wunden in Perlen zu verwandeln. Das ist für jene, die Opfer geworden sind, ein langer Prozess. Für uns als Außenstehende ist das etwas, das wir keinem anderen Menschen vorschreiben können, es muss aus ihm selbst kommen, er muss es für sich selbst spüren.

Doch für mich ist es wichtig, in der Begleitung dieser Menschen immer darauf zu hoffen, dass die Wunden sich in Perlen verwandeln, dass sie eine neue Lebensqualität entdecken, ihre eigenen Fähigkeiten wiederentdecken. Ohne diese Hoffnung darf ich keinen Menschen begleiten. Ich würdige in der Begleitung das Opfer mit seinen Schmerzen. Aber dann versuche ich ihm auch zu vermitteln: »Du hast etwas Schlimmes erfahren. Das tut weh. Aber es ist auch eine kostbare Erfahrung, die du gemacht hast und die andere so nie erlebt haben. Wenn du deine Wunden in Perlen verwandelst, kannst du auf neue Weise zum Segen werden für andere. Wie der Abschied von der Opferrolle gelingen kann und welche Wege und Rituale es gibt, die dabei unterstützen können, soll in einem eigenen Kapitel behandelt werden.

Die Tendenz zur Victimisierung als Grundhaltung in unserer Gesellschaft

Wir müssen die Opfer würdigen und ihre Schmerzen und die Lebensbehinderung, die sie durch ihre Opferwerdung erfahren haben, ernst nehmen. Neben den wirklichen Opfern gibt es aber– so meint der französische Philosoph Pascal Bruckner in seinem Buch »Ich leide, also bin ich« – in unserer Gesellschaft auch solche, die niemals Opfer einer politischen Verfolgung oder von Missbrauch geworden sind, sich aber dennoch als Opfer fühlen. Bruckner meint weiter, diese Haltung, die er als Victimisierung bezeichnet, verbreite sich heute immer mehr.

Gemeint sind damit Menschen, die sich als Opfer im Sinne von *victima* eines Konzerns, einer politischen Entwicklung oder einer vermeintlichen Diskriminierung sehen. Der US-Präsident Donald Trump bezeichnete Amerika beispielsweise als Opfer der europäischen Handelspolitik und sich selbst als Opfer der Mitglieder der G7-Staaten, die kein Verständnis für ihn hätten. Es ist heute modern, sich als Opfer zu fühlen, um so auf sich aufmerksam zu machen.

Pascal Bruckner hat diese Haltung der Victimisierung treffend beschrieben. Er stützt sich dabei unter anderem auf die Einsicht Sigmund Freuds, dass Menschen, die Leid erfahren haben, meinen, sie hätten nun alles Recht der Welt, selbst Unrecht zu begehen, ihnen schulde das Leben Wiedergutmachung.

> »Wir alle glaubten, so beschließt Freud seine Gedanken, ein Recht zu haben, uns an der Natur und dem Schicksal zu rächen, aus angeborenen und infantilen Vorurteilen heraus. Wir alle fragten uns, warum wir im Haus eines Bürgers und nicht im Königsschloss geboren worden seien.«
>
> Bruckner 133

Weiter sagt er, dass sich früher die Arbeiterklasse als Opfer der Gesellschaft fühlte. Heute ist »ein jeder in der Lage, diesen Zustand [der Unterdrückung, A. G.] für sich allein zu beanspruchen: Die neuen Verdammten dieser Erde, wir sind es, jeder Einzelne von uns!« (Bruckner 135). Unterstützt wird diese Haltung, sich als Opfer zu fühlen, nach Bruckner durch die immer größer werdende Herrschaft der Juristen. Der Jurist, so meint er, sei »ein unersetzlicher Kumpan, der jedoch auch aus Berechnung und eigenem Interesse dazu beitragen kann, subjektive Rechte auf Kosten des Gemeinwohls zu vermehren«. Bruckner sieht diese Gefahr vor allem in Amerika gegeben. Er meint, »dort ist die victimology dabei, zu einer nationalen Seuche zu werden.« (Bruckner 136).

Anstatt für sich und sein Leben Verantwortung zu übernehmen, verklage man Tabakfirmen, weil sie nicht ausreichend auf die Gefahren des Rauchens hingewiesen haben. Andere verklagten Schnellrestaurants und Cafés, weil sie nicht darauf hingewiesen haben, dass der Kaffee im Becher zum Mitnehmen heiß ist. Bruckner fasst diese Haltung zusammen in einem Zitat von John B. Taylor, einem amerikanischen Wirtschaftswissenschaftler:

> »Man braucht nur zu behaupten, man habe ein bestimmtes Recht, und zu beweisen, dass man seiner beraubt ist, schon hat man den Status des Opfers.«
>
> Zitiert nach Bruckner 137

Bruckner folgert daraus:

> »Alle Dinge, selbst die lächerlichsten, werden verhandlungswürdig, die Welt der Justiz wird zu einem riesigen Markt degradiert, auf dem Anwälte Klienten einsammeln, sie davon überzeugen, dass sie unglücklich sind, Streitig-

> keiten anzetteln und ihnen hohe Entschädigungssummen versprechen, wenn sie einen Dritten finden, der zahlt.«
>
> Bruckner 137f

Bruckner beklagt, dass jeder, der sich benachteiligt fühle, in seiner Sprache übertreibt. Man spricht von »Ausgrenzung«, von »sanitärem Faschismus«, wenn den Rauchern Grenzen gesetzt werden, von »Völkermord«, wenn sich eine Gruppe benachteiligt fühlt. Er folgert:

> »Ist es nicht an der Zeit, wieder zu lernen, seine Worte wohl zu überlegen, um gründlich über die Welt nachzudenken, anstatt jede Lappalie zur Schande zu erheben und langsam die Sprache zu korrumpieren?«
>
> Bruckner 145

Die Haltung, den begehrten Platz des Opfers einzunehmen, führt seiner Ansicht nach »in einen allgemeinen Dolorismus«. Bruckner schließt seine Ausführungen:

> »In folgendem Bild könnte man ein zeitgenössisches Individuum möglicherweise darstellen: als ein gealtertes, greinendes Wickelkind, an seiner Seite einen Anwalt, der es stützt. Vielleicht ist die Allianz seniler Säuglinge, die wir sind, und des zänkischen Klerus der Juristen die Zukunft, die auf uns wartet.«
>
> Bruckner 145

Was Bruckner manchmal übertreibend und ironisch beschreibt, können wir ähnlich jedoch auch bei uns in Deutschland erleben: Da klagt ein Unternehmer seinen Steuerberater an, der ihn nicht darauf hingewiesen hat, dass er die Kirchensteuer einsparen kann. Anstatt selbst zu denken und die Verantwortung für sein Tun zu übernehmen, braucht er einen Schuldigen, der für ihn zahlen soll.

Dahinter steht die Haltung: Schuld sind immer die anderen. Ich bin immer perfekt. Wenn etwas schiefgeht, dann nicht, weil ich etwas übersehen habe, sondern weil andere mich nicht darauf hingewiesen haben. Ich habe also das Recht, dass andere mir alle Möglichkeiten vor Augen halten, wie ich Schadensersatzansprüche geltend machen und dadurch Geld verdienen kann. Das gleicht einer Pervertierung des Zusammenlebens in einer Gemeinschaft. Wir sollten endlich aufwachen, um dieser Herrschaft des Juristischen die Verantwortung des Einzelnen für sein Leben entgegenzustellen.

Gedanken von Bruckner aufgreifend hat die österreichische Journalistin Kirstin Breitenfellner das Phänomen der Victimisierung in Deutschland und Österreich untersucht. Sie schreibt unter anderem, dass sich die Rebellen der 68er-Jahre als »neue Juden« bezeichneten. Sie identifizierten sich mit jenen, die Opfer der Naziideologie geworden waren, und forderten für sich selbst: »Nie wieder Opfer sein!« Wenn man sich als Opfer fühlt, nimmt man für sich das Recht in Anspruch, sich zu wehren.

»Das gefühlte Opfertum wird zur legitimierten Täterschaft bis hin zum Terrorismus der RAF, die auch vor der Ermordung Unschuldiger nicht zurückschreckte.«

Breitenfellner 137

Die Autorin unterscheidet nicht nur zwischen Opfern und Tätern, die untrennbar miteinander verbunden sind. Sie spricht zudem von Rettern, die in manchen Fällen dazu beitragen, dass die Opfer in ihrer Opferrolle gefangen bleiben.

Oft sind es die Medien, die sich scheinbar für das Opfer einsetzen, aber es auch »festnageln« wollen auf seine Rolle. Wenn das Opfer dann in seinem Handeln und Denken nicht den Vorstellungen der selbsternannten Retter entspricht, schlägt das Mitgefühl in Hass um. Ein Beispiel hierfür ist Natascha Kampusch, die von Wolfgang Přiklopil entführt, acht Jahre lang gefangen gehalten und sexuell missbraucht worden ist. Doch weil sie sich nach ihrer Befreiung nicht so verhielt, wie die Öffentlichkeit oder die Medien es von ihr erwarteten, weil sie ihren Entführer nicht als Ausbund des Bösen hinstellte, sondern ein differenziertes Bild des Täters zeichnete, erlebte sie plötzlich Anschuldigungen und Hass. Die Journalistin Corinne Milborn erklärt das so:

»Natascha Kampusch wurde in den ersten Wochen nach ihrer Befreiung mit Mitgefühl überschüttet. Ist das Unrecht aber zu groß, wendet sich das Unbehagen gegen die Opfer. Sie müssen selbst etwas getan haben, um es zu verdienen.«

Zitiert nach Breitenfellner 219

Ein weiterer Aspekt in diesem Zusammenhang: Oft sind die Täter persönlich nicht greifbar oder auszumachen, weil man eine Institution oder einen Prozess anklagt. Dem »Täter« ist es so unmöglich, zum Gewesenen Stellung zu beziehen, die Dinge aus seiner Sicht darzulegen. Häufig geht es aber den vermeintlich Betroffenen auch genau darum. Breitenfellner meint:

»Auf diese Weise entsteht ein Diskurs, der mehr einem Klagelied gleicht als einer Analyse von Umständen. Wenn überall nur noch Opfer zu sehen sind und keine Täter mehr oder die Täter nicht greifbar sind, weil sie aus Institutionen, Konzernen oder bloßen Wörtern wie ›die Gesellschaft‹ oder ›die Globalisierung‹ bestehen, dann verkommt die Opferklage zum Selbstzweck, zum Suhlen im Selbstmitleid - oder sie gebiert den ›Wutbürger‹«.

Breitenfellner 148

Menschen, die sich als »Retter« auf die Seite der Opfer stellen, erleben so eine »moralische Überhebung«:

»Man kann sich in einem undifferenzierten Stolz und einer diffusen Angst suhlen, ohne ein bisschen nachdenken zu müssen.«

Breitenfellner 150

Ein Beispiel dazu: In der ZEIT las ich den interessanten Artikel »Wir Migranten sind hier, und ihr müsst uns so nehmen, wie wir sind!« von Ali Ertan Toprak, einem türkischen Aleviten und Sprecher der BAGIV (Bundesarbeitsgemeinschaft der Immigrantenverbände) in Deutschland. Er beklagte sich, dass beim Integrationsgipfel im Kanzleramt einseitig Migrantenverbände zu Wort kamen, die das Problem der Migration aus dem Blickwinkel der Opfer betrachteten. Ali Ertan Toprak vertritt dagegen eine andere Position. Er betont, dass sich auch die Migranten für eine gelingende Integration einsetzen müssten. Doch diese Ansicht war auf dem Gipfel nicht erwünscht. Toprak schreibt:

> »Offenbar ist es politisch erwünscht, dass Zuwanderer sich als Opfer präsentieren.«
>
> ZEIT vom 5. Juli 2018, S. 54

Doch er gibt zu bedenken:

> »In Zeiten gesellschaftlicher Spaltung wirkt das allerdings kontraproduktiv.«
>
> ZEIT vom 5. Juli 2018, S. 54

Wenn sich eine Gruppe als Opfer fühlt, ist keine Versöhnung, kein Zusammenfinden, kein Zusammenleben in der Gesellschaft möglich. Alle Gruppierungen müssen aufeinander zugehen und sich nicht gegenseitig die Schuld an den herrschenden Verhältnissen geben.

Heute sind es aber nicht nur manche Migranten, die sich als Opfer fühlen, sondern auch politische Gruppierungen. Gerade in der AFD gibt es viele, die für sich den Opferstatus in Anspruch nehmen. Sie fühlen sich als Opfer der Migrationspolitik. Aber sie merken gar nicht, dass sie selbst zu Tätern werden. Sie verbreiten eine aggressive, manchmal hasserfüllte Sprache. Damit legitimieren sie die Menschen, die Flüchtlingsunterkünfte zerstören oder gegen Migranten vorgehen. So werden die Opfer wieder zu Tätern. Man braucht nur genau ihre Sprache zu untersuchen. Sie verrät ihre Haltung. Ihre Sprache ist die typische Sprache von Opfern, die zu Tätern werden. Das zu entlarven ist eine wichtige politische Aufgabe.

3. Die Opferrolle im persönlichen Bereich

In der geistlichen Begleitung erzählen mir die Menschen vor allem von ihren Opfererfahrungen aus dem Alltag. Und ich sehe meine Aufgabe darin, dass ich ihnen dabei helfe, ihre Erfahrungen ernst zu nehmen, dann aber auch einen Weg aus der Opferrolle heraus zu finden. Im persönlichen Bereich werden Menschen oft Opfer von Verletzungen, Verleumdungen, von Mobbing oder von irgendwelchen Behauptungen, die jemand ins Internet stellt und mit denen er ihren Ruf schädigt. Menschen werden aber auch zum Opfer einer Krankheit oder zum Unfallopfer. Auch hier ist es wichtig, sich durch die Schmerzen hindurchzuarbeiten, sich mit dem Opfersein auszusöhnen und sich in die Opferrolle hinein zu fühlen. Und für den Begleiter ist es wichtig, die Erfahrung als Opfer und die Schmerzen, die diese Erfahrung mit sich bringt, zu würdigen. Jemand, der Opfer geworden ist, muss als solches gesehen und angenommen werden. Nur wenn er sich angenommen weiß, kann er die Opferrolle auch irgendwann loslassen, Abschied von ihr nehmen, wie Verena Kast schreibt. In ihrem Buch nimmt sie jedoch in dieser Hinsicht ausdrücklich die Opfer von sexuellem Missbrauch aus. Sie meint, dafür würden andere Maßstäbe gelten. Wenn ich daher jetzt vom Abschied von der Opferrolle spreche, meine ich die Situationen aus dem persönlichen Bereich. Für Opfer des sexuellen Missbrauchs ist es zwar auch das Ziel, frei zu werden von dieser Rolle. Aber dazu braucht es erst den schmerzlichen Prozess des Aufarbeitens.

Das Abschiednehmen von der Opferrolle ist aber auch im Zusammenhang mit den anderen Opfererfahrungen aus dem persönlichen Bereich nicht so leicht. Es braucht Zeit, bis man sich davon befreien kann. So möchte ich verschiedene Situationen und Stadien beschreiben, in denen wir zum Opfer werden, um dann Wege aufzuzeigen, wie wir aus der Opferrolle herauskommen können.

Opfer als Kind

Kinder werden Opfer, wenn sie sich von ihren Eltern nicht genügend beachtet fühlen. Oder wenn sie beschämt werden, indem immer die größere Schwester oder der Bruder gelobt werden, sie selbst aber nie Zuspruch bekommen. Wenn ein Kind sich schämt, weil es nicht so begabt oder so schön ist wie ein anderes Geschwister und zudem von den Eltern immer mit diesem verglichen wird, dann fühlt es sich ausgeschlossen. Es fühlt sich als Opfer der familiären Situation.

Andere erfahren Gewalt durch ihre Eltern, körperlicher und leider manchmal auch sexueller Art. Wieder andere Kinder werden ständig entwertet oder bei jeder Gelegenheit kritisiert. Dann werden sie zum Opfer mangelnder Liebe, mangelnder Anerkennung. Kinder sind sehr feinfühlig, ob die Eltern alle gerecht und gleich behandeln. Sie spüren sehr genau, wenn die Geschwister ihnen vorgezogen werden. Wenn sie dann in der Schule die gleiche Erfahrung machen, dass andere Schüler im Mittelpunkt stehen und sie übersehen oder ungerecht behandelt werden, vertieft sich die Erfahrung des Opferseins.

Die schlimmste Form des Opferwerdens ist das Trauma. Das kann durch sexuellen Missbrauch ausgelöst werden oder durch einen schlimmen Unfall, die Erfahrung von Todesgefahr, in der man nicht reagieren, die Situation nicht abwenden konnte. Auch die Beziehungslosigkeit zu den Eltern kann eine traumatische Erfahrung sein. Die Beziehungstraumata, so meint die Philosophin und Pädagogin Claudia Marièle Wulf, wurden lange Zeit übersehen. Wenn ein Kind jedoch zu wenig Beziehung erfährt, werden wesentliche Aspekte seines Personseins geschädigt. Seine Identität wird infrage gestellt. Es hat das Gefühl, dass man ihm suggeriert:

> »Du hast kein Recht, du selbst zu sein.«
>
> Wulf 70

Zudem wird ein weiteres wesentliches Bedürfnis nicht erfüllt: das Bedürfnis nach einem guten Lebens-, Schutz- und Freiheitsraum. Das Kind hat keinen Raum, in dem es sich daheim fühlt.

Ein Trauma kann auch entstehen, wenn man einem Kind beispielsweise durch sexuellen Missbrauch seine Vergangenheit nimmt oder seine Erinnerung daran. Häufig wird dieser Teil der Vergangenheit dann ausgeblendet, man kann nicht mehr aktiv auf seine Erinnerungen zurückgreifen, vieles ist wie ausgelöscht. Die Zeit ist »fremdbestimmt. Damit stirbt auf eine gewisse Weise auch die Zukunft, denn der Traumabetroffene hat keine Hoffnung, dem furchtbaren Einfluss zu entrinnen« (Wulf 71f). Wer als Kind eine solche Erfahrung gemacht hat, bleibt lange Zeit Opfer dieser Misshandlung.

Kinder sind in vielerlei Hinsicht schutzlos ausgeliefert und laufen daher schnell Gefahr, zum Opfer zu werden. Wenn sie erwachsen sind, ist es wichtig, diese Opferrolle anzuschauen und sich mit den Verletzungen auszusöhnen. Die Versöhnung mit sich und seiner eigenen Lebensgeschichte kann dann dazu führen, sich von der Opferrolle zu verabschieden.

Das gelingt nicht immer. Denn wir richten uns oft auch in unserer Opferrolle ein. Sie gehört so wesentlich zu unserer Identität, dass es uns schwerfällt, eine neue Identität aufzubauen. Es ist eine Herausforderung für die Betroffenen, die Verantwortung für ihr eigenes Leben zu übernehmen und nicht für alle Schwierigkeiten die früheren »Täter« zu beschuldigen, zum Beispiel die Eltern. Sie sind dann der Grund, weshalb man selbst das Studium nicht geschafft, dass man keinen guten Partner gefunden hat, das Leben nicht gelingt. Als Opfer fühlt man sich berechtigt, sich zu wehren, aggressiv zu sein. Diese Aggression zeigt sich oft darin, dass man die Eltern finanziell ausblutet, sie auch als Erwachsener ständig zur Kasse bittet. Man bestraft also die Eltern für die Verletzungen, die sie einem als Kind zugefügt haben.

Eine andere Art, sich als Opfer an den Eltern als Täter zu rächen, besteht darin, den Kontakt abzubrechen und ihnen beispielsweise den Zugang zu ihren Enkelkindern zu verwehren. Natürlich kann es manchmal legitim sein, mehr Distanz zu den Eltern haben zu wollen, vor allem dann, wenn sie das alte Spiel Täter–Opfer weiterspielen. Dann braucht man diesen Abstand, um aus der Opferrolle herauszufinden. Aber wenn das gelungen ist, kann man in Freiheit den Eltern gegenübertreten, ohne selbst wieder zum Opfer zu werden.

Opfer im Studium

Die Studienzeit ist für viele junge Menschen eine Krisenzeit. Sie suchen neu nach ihrer Identität, denn jene, die sie zu Hause in der Rolle als Kind und in der Schule hatten, ist zerbrochen. In dieser Situation suchen viele dann den Grund für ihre Unsicherheit in äußeren Dingen: Die Studienordnung ist schuld, dass sie sich nicht zurechtfinden. Der Professor hat kein Verständnis für sie. Sein Unterricht ist unverständlich. So fühlt man sich als Opfer des Systems, als Opfer ungerechter Behandlung oder äußerer Belastungen. Wenn man durch die Prüfung fällt oder nicht weiterkommt, ist die enge Wohnung schuld oder

der Lärm, der in die Wohnung dringt, oder die Vermieterin, die ständig stört.

Manche Studenten werden auch tatsächlich zu Opfern: Opfer negativer Bemerkungen oder von Verleumdung im Netz. Gerade bei Cybermobbing fühlen sich viele ohnmächtig, sie können sich nicht wehren, weil die Täter häufig anonym bleiben und auch nicht greifbar ist, wer diese Anschuldigungen oder Verleumdungen alles gelesen und weiterverbreitet hat. Meist ist dann sogar die Polizei machtlos.

Ähnliches gilt, wenn jemand Opfer einer Vergewaltigung wird. Allerdings ist die Gefahr, Opfer von Cybermobbing und Vergewaltigung zu werden, nicht spezifisch für das Studium, das kann einem in beinahe jeder Lebenssituation widerfahren.

Jene Studenten jedoch, die sich nur als Opfer fühlen, brechen häufig ihr Studium ab. Das Argument ist dann, dass der Studiengang, den sie gewählt haben, nicht ihren Erwartungen entspräche. Einige dieser Menschen haben sich wahrscheinlich schon in der Kindheit als Opfer gefühlt. Sie übernehmen keine Verantwortung für ihren Studienabbruch, sondern schieben es auf die Professoren oder das System der Universität. Die Universität wird dann zur Mutter, die sie bestrafen, weil sie sie zum Opfer hat werden lassen.

In den letzten Jahren hören wir vermehrt von Amokläufen an Schulen und Universitäten. Das sind oft Studenten oder Schüler, die mit ihrer Frustration nicht zurechtkommen. Die Gründe sind vielschichtig: Manchmal sind sie Opfer von Lehrern geworden, die ihnen schlechte Noten gegeben und sie entwertet haben, oder sie sind Opfer ihrer Klasse geworden, die sie zum Außenseiter gemacht und sich nicht mit ihnen solidarisiert hat.

Diese Erfahrung kann alle Grenzen der Menschlichkeit sprengen: Amokläufer möchten sich an Lehrern, an der Klasse, am System Schule rächen für das Leid, das sie durch sie erfahren haben. Sie halten die Opferrolle nicht länger aus und brechen aus ihr aus, indem sie viele andere zum Opfer machen. Dabei spielt das Thema Wut und Aggression eine besondere und ganz entscheidende Rolle. Amokläufe zeigen daher auf krasseste Weise, wie wichtig es ist, sich mit Verletzungen auseinanderzusetzen, sie wahrzunehmen und sich am Ende damit auszusöhnen, anstatt sie auszuagieren. Wer in der Opferrolle bleibt, wird zum Täter, oft zum unberechenbaren Täter. Im Opfer hat sich soviel Wut angestaut, dass der Wutausbruch für viele tödlich endet.

Opfer am Arbeitsplatz

Auch am Arbeitsplatz kann man die realen Opfersituationen unterscheiden von der Tendenz, sich nur als Opfer zu fühlen. Reale Opfer sind auch hier jene, die Mobbing ausgesetzt sind: Es gibt Kollegen oder Kolleginnen, die einem keine Chance lassen. Sie bekämpfen einen, grüßen nicht, zeigen eine feindselige Haltung. Ähnliches gilt für Intrigen bei der Arbeit. Da gibt es vielleicht einen Kollegen, der neidisch ist, weil er nicht so beliebt ist bei den anderen. Er macht einen schlecht und verbreitet Gerüchte, um andere in ein schlechtes Licht zu stellen.

Es gibt auch Menschen, die sich hier immer als Opfer fühlen. Sie haben das Gefühl, dass sie mehr arbeiten müssen als die Kollegen, dass sie missachtet werden. Sie fühlen sich übergangen, wenn ein neuer Posten besetzt wird oder wenn jemand anderes befördert wird. Sie fühlen sich unterbezahlt, obwohl alle den gleichen Lohn bekommen. Und sie fühlen sich als Opfer des Leistungsdrucks, den der Betrieb als Ganzes im Wettbewerb mit anderen spürt.

Manchmal kann dieses Opfergefühl auch ganz banale Situationen betreffen. Weil der Chef gerade eilig vorübergeht, fühlt man sich als Opfer von Missachtung. Oder weil die Kollegin gerade nicht gut drauf ist, fühlt man sich als Opfer ihrer Launen. Erkennbar sind Menschen, die sich als Opfer fühlen, häufig an ihrem ständigen Jammern und Kritisieren: Alles ist schlecht, alles ist zu viel. Sie fühlen sich als Opfer der Arbeitssituation insgesamt. Oder aber sie vernachlässigen die Arbeit, vergessen Aufträge, leisten gleichsam passiven Widerstand. Manche kündigen auch. Doch wenn sie weiterhin in ihrer Opferrolle bleiben, werden sie auch an der nächsten Arbeitsstelle nicht zufrieden sein. Dann wird sich das gleiche Spiel wiederholen.

Ein Beispiel, das ich aus meiner Begleitung kenne: Eine Frau wechselte die Arbeitsstelle, weil sie sich zu wenig gesehen fühlte. Beim Vorstellungsgespräch in der neuen Firma fühlte sie sich vom Chef wertgeschätzt, vor allem, weil er persönlich mit ihr sprach, sich die Zeit nahm. Doch im Arbeitsalltag ist der Vorgesetzte natürlich für alle verantwortlich, nicht nur für sie, und hat sich daher auch nicht im Besonderen um sie gekümmert. Da fühlte sie sich wieder als Opfer mangelnder Anerkennung. Prompt wollte sie kündigen. Doch ich sagte ihr: »Wenn Sie nicht aussteigen aus Ihrer Opferrolle und aus Ihren infantilen Erwartungen an den Chef und die Arbeitsstelle, werden Sie immer wieder die gleiche Erfahrung machen. Sie werden von einer Firma zur nächsten wechseln und nie das finden, was Sie suchen. Nehmen Sie Ihr Leben selbst in die Hand, anstatt sich zu sehr von anderen, von deren Anerkennung abhängig zu machen.«

Opfer im Team

Ein befreundeter Therapeut erzählte mir, in seinem Team sei eine Kollegin, die sich immer als Opfer fühle. Obwohl er als Teamleiter versucht, allen gerecht zu werden, fühlt sie sich immer benachteiligt. Und aus dieser Opferrolle heraus tyrannisiert sie das ganze Team. Alle mussten sich immer nach ihr richten, sonst fühlt sie sich übergangen, nicht ernst genommen. Doch dass sie selbst die Kollegen nicht ernst nahm, sah sie nicht. Wenn es ihr nicht so gut ging, waren immer die anderen schuld.

Natürlich gibt es Situationen in einem Team, in denen der Teamleiter einen Kollegen oder eine Kollegin bevorzugt. Dann haben die anderen keine Chance, zu ihrem Recht zu kommen.

In solchen Situationen fühlt man sich dann zurecht als Opfer. Es gibt auch Situationen, in denen man keine Chance hat, gut zu arbeiten, weil im Team unklare Beziehungen herrschen, Intrigen und Neid. Da kann es durchaus angemessen sein, zu kündigen und sich ein neues Team zu suchen.

Opfer in der Partnerschaft

Die Psychotherapeutin Angelika Rohwetter hat in ihrem Buch »Versöhnung. Warum es keinen inneren Frieden ohne Versöhnung gibt« Situationen in der Partnerschaft beschrieben, in der Partner abwechselnd die Rolle des Opfers und des Täters einnehmen:

> »Zu Anfang gab es einen von beiden, der die Beziehung mehr, intensiver oder schneller wollte. Dieser Teil, und das sind nicht selten die Männer, erfährt einiges an Zurückweisungen, befindet sich damit in der Opferposition. Nachdem die Beziehung stabiler ist, wechselt diese Position häufig, da sich nun der Mann, leichter als die Frau, wieder alten Interessen zuwenden kann, während sie deutlicher auf die Beziehung fixiert ist. Nun ist sie das Opfer. Sie rächt sich mit Entwertungen und Unterstellungen, manchmal mit Weinen und Vorwürfen. Das macht ihn hilflos und zum Opfer. Er erträgt es nicht und zieht sich noch weiter zurück.«
>
> Rohwetter 116

Bei diesen Streitereien hört man dann oft: »Du hast angefangen. Wenn du das nicht getan oder gesagt hättest, dann wäre es nicht zum Streit gekommen.« In solchen Situationen fühlen sich beide als Opfer. Aber jeder möchte dem anderen die Aggressorrolle zuschreiben und für sich die Opferrolle reservieren.

Die meisten Morde, die geschehen, sind Beziehungstaten. Und in den allermeisten Fällen, in denen Frauen die Opfer sind, ging es um eine Zurückweisung, eine Trennung, bei der sich der Mann plötzlich als Opfer fühlt. Er meint, er habe ein Recht auf die Beziehung. Er steigert sich so in seine Opferrolle hinein, dass er für sich das Recht herausnimmt, sich an der Frau, die sich von ihm getrennt hat, zu rächen und sie zu töten. Ein Partner, meistens ist es der Mann, kann diesen Schmerz einer Trennung oder Zurückweisung nicht aushalten. Er erlebt es als Demütigung. Es geht gegen seine Ehre, nicht alles zu erreichen, was er sich vorgenommen hat. Die Scham über diese Demütigung verarbeitet er jedoch nicht, sondern agiert sein Opfersein aus, indem er selbst zum Täter wird – als Stalker oder indem er sie durch allerlei juristische Tricks finanziell benachteiligt oder sie gar in Armut stürzt. Die schlimmste Art der Rache ist, sie zu ermorden. All diese Fälle zeigen, wie wichtig es ist, aus der Opferrolle auszusteigen. Denn wenn wir darin stecken bleiben, geht von uns viel Unheil aus.

Eine weitere schmerzliche Opfererfahrung in der Beziehung machen Ehepaare, wenn einer der beiden fremdgeht. Dann wird der eine Partner zum Täter und der andere zum Opfer.

Beide müssen sich bewegen, wenn Versöhnung möglich werden soll. Der Täter muss den Schmerz wahrnehmen, den er seinem Partner zugefügt hat. Es muss ihm wirklich leidtun und er muss sich bei seinem Partner ehrlich und aufrichtig entschuldigen. Der Partner, der zum Opfer geworden ist, muss spüren, dass der andere es ernst meint und dass er seinen Versprechungen, die Treue zu halten, trauen kann. Aber auch das Opfer muss sich bewegen. Es soll seinen Schmerz nicht zu schnell überspringen, sondern ihn ernst nehmen, nicht sofort vergeben. Damit würde sich der Partner überfordern. Aber er soll sich auf den Prozess des Aufarbeitens einlassen, damit Vergebung und Versöhnung möglich werden.

Manchmal wird der, der zum Opfer der Verletzung geworden ist, selbst zum Täter. Er wirft dann dem Partner, der die Ehe gebrochen hat, bei jedem kleinen Konflikt vor: »Du hast mich damals so tief verletzt. Du nimmst überhaupt keine Rücksicht auf mich. Du hast kein Recht, etwas von mir zu verlangen. Du musst dich ändern.« Das kann dazu führen, dass der Partner, der zum Täter geworden ist, sein Leben lang im Bußgewand verbringen muss. Das ist keine Lösung. Beide müssen sich wandeln, damit eine neue Beziehung möglich wird. Manchmal ist die Verletzung auch so groß, dass es zur Trennung kommt. Aber auch dann braucht es die Verwandlung beider. Das Opfer muss in seine eigene Kraft kommen. Das gelingt aber erst, wenn es den Täter »aus sich herauswirft«, sich durch Wut innerlich von ihm löst. Nur dann kann das Opfer sein eigenes Leben leben.

Nicht selten sind die Opfer in einer Beziehung häuslicher Gewalt ausgesetzt. Meistens geht sie vom Mann aus. Er schlägt seine Frau oder er beschimpft und entwertet sie ständig. Manche schaffen es, aus dieser Art von »Beziehung« auszusteigen und die Ehe oder Beziehung zu beenden. Doch mir erzählte die Leiterin eines Frauenhauses, dass viele der Frauen, die zu ihnen kommen, weil sie geschlagen werden, in die alte Situation zurückkehren, obwohl sie genau wissen, dass sie wieder Gewalt erfahren werden. Sie steigen nicht aus ihrer Opferrolle aus, weil sie häufig auch keine andere kennen. Meist haben die Frauen schon als Kind in der eigenen Familie Gewalt erfahren und so »wiederholen« sie als Erwachsene, was sie sozusagen von klein auf kennen.

Es tut mir weh, wenn ich so etwas höre, dass manche Menschen lieber Opfer bleiben, als alleine ihren Weg zu gehen und ihr Leben selbst in die Hand zu nehmen. Die Leiterin des Frauenhauses macht die Betroffenen auf ihre Opferrolle aufmerksam und ermutigt sie, für sich selbst Verantwortung zu übernehmen. Aber oft bleibt das ohne Erfolg. Manche haben sich so mit ihrer Opferrolle identifiziert, dass es kaum möglich ist, sie daraus zu befreien. Das Beispiel zeigt, wie schwer es häufig ist, aus der Opferrolle auszusteigen. Es braucht eine lange Begleitung, bis Menschen fähig werden, ihr Leben selbst in die Hand zu nehmen.

Opfer in der Familie

In der Familie ist es normal, dass Eltern für ihre Kinder einen Teil ihrer Zeit und Energie opfern. Kinder leben von der Hingabe der Mutter und des Vaters. Doch manchmal wird daraus aufseiten der Eltern ein Anspruch. Die Mutter opfert sich beispielsweise ganz und gar für die Kinder auf. Sie überspringt dabei ihre eigenen Bedürfnisse, und so wird das Aufopfern später zu einem Anspruch an die Kinder: »Ich habe alles für euch getan. Und ihr könnt mich nicht einmal besuchen.«

Jene Mütter aber, die sich für die Kinder aufopfern und zugleich für sich selbst gut sorgen, werden ihre Hingabe nie zum Vorwurf machen. Wenn Mütter sich in der Opferrolle fühlen, werden sie häufig selbst zum Täter, indem sie den Kindern ständig ein schlechtes Gewissen vermitteln: »Ich tue soviel für euch und ihr macht mir das Leben schwer. Ihr seid nicht brav.«

Eine Weise, wie Mütter als solche Opfer auch zum Täter werden, ohne das zu bemerken, ist, wenn sie sich allzu sehr in das Leben der Tochter oder des Sohnes einmischen. Da besucht die Mutter die Familie ihrer Tochter und putzt den ganzen Tag. Das erlebt die Tochter als Einmischung, als Vorwurf, dass sie es nicht sauber genug hat. Die Mutter opfert sich für die Tochter auf, tut alles für sie. Aber mit diesem Aufopfern überschreitet sie die Grenzen, sie wird übergriffig und macht auf diese Weise die Tochter zum Opfer. Manchmal wird der Sohn zum Opfer des Vaters, wenn der ihn ständig entwertet und ihm nicht zutraut, dass er sein Leben selbst in die Hand nimmt und im Beruf erfolgreich wird.

Die Hingabe der Eltern ist für die gesunde Entwicklung der Kinder wichtig. Aber diese Hingabe, dieses Opfer im Sinn von *offerre* oder *sacrificium* darf nicht zur Haltung des Opfers im Sinne von *victima* werden. Wenn eine Mutter sich als Opfer versteht, fühlt sie sich ausgenutzt: Sie soll alles erledigen. Und die Kinder lassen sich bedienen. Doch daran sind nicht die Kinder schuld, sondern sie selbst, weil sie ihre eigenen Gefühle überspringt. Solange sie gerne für ihre Kinder sorgt, ist es gut für beide Seiten. Nur wenn sie sich ausgenutzt fühlt, aber dieses Gefühl überspringt, gerät sie leicht in die Opferrolle. Das Gefühl des Ausgenutztwerdens, aber auch das Gefühl von Aggression, das damit oft einhergeht, ist immer eine Einladung, für sich selbst gut zu sorgen. Dann wird das Aufopfern für die Kinder nie einen aggressiven Unterton bekommen, sondern Ausdruck der Liebe sein.

Opfer emotionalen Missbrauchs

Emotionaler Missbrauch geschieht sowohl in der Partnerschaft als auch im Verhältnis zwischen Eltern und Kindern. Emotionaler Missbrauch kann sich in verschiedener Weise zeigen. Er geschieht immer dann, wenn ich einen Partner oder ein Kind emotional so an mich binde, dass er seine eigene Freiheit verliert, dass er sich selbst und seinen eigenen Gefühlen nicht mehr trauen kann. Und oft genug bedeutet emotionaler Missbrauch, den anderen unter Druck zu setzen und ihm ein schlechtes Gewissen einzuimpfen. Das schlechte Gewissen beherrscht dann das Opfer so stark, dass es keine Beziehung mehr spürt zu seinen eigenen inneren Impulsen oder dass es in einen starken Zwiespalt zwischen seinem schlechten Gewissen und dem eigenen Gefühl gerät und emotional total verwirrt ist.

Da will beispielsweise eine Ehefrau für drei Tage ihre Freundin besuchen. Doch der Ehemann setzt sie unter Druck: »Wenn du das machst, geht es mir schlecht. Ich kann nicht allein für die Kinder da sein. Ich fühle mich einsam. Da werde ich krank.« Oder ein Mann möchte mit Freunden eine Bergwanderung machen und seine Frau sagt zu ihm: »Ich habe Angst, allein im Haus zu sein. Das halte ich nicht aus. Du schätzt deine Freunde mehr als mich.«

Häufig setzen auch Eltern im Alter ihre Kinder emotional unter Druck. Da will der Sohn mit seiner Frau in Urlaub fahren. Doch die Mutter sagt ihm, ihr gehe es nicht gut. Sie sei ganz allein auf sich gestellt, wenn der Sohn nicht da sei. Kurz bevor der Sohn trotzdem in Urlaub fahren will, wird die Mutter krank. Und er bleibt zu Hause. Doch damit sitzt er in der Falle, denn die Mutter wird immer wieder das gleiche Muster zeigen: Sie wird krank, wenn der Sohn verreisen möchte. Sie jammert so lange, bis er wieder nachgibt. Je länger Eltern dieses Muster ausagieren können, desto weniger hat das Opfer eine Chance, auszusteigen und seinen eigenen Weg zu gehen.

Opfer von Krankheit

Manche leiden an einer heimtückischen Krankheit, die noch kaum erforscht ist, aber als unheilbar gilt. Auch in einer solchen Situation kann man sich als Opfer fühlen. Ich kenne einen jungen Mann, der immer sehr sportlich war und sich auf einmal nur noch schlapp und müde fühlte. Nach langer Suche stellte man fest, dass er an Colitis Ulcerosa litt, einer chronischen Dickdarmentzündung. Viele gaben ihm gutgemeinte Ratschläge, die ihn jedoch nur verletzten: »Reiß dich zusammen. Es wird schon wieder gut. So ein junger Mann darf sich nicht gehen lassen.« Er möchte gerne voller Kraft ins Leben gehen. Aber die Krankheit wirft ihn immer wieder zurück. Er ist ihr machtlos ausgeliefert. Und fühlt sich deshalb als Opfer.

Ein anderes Beispiel: Eine Frau erzählte mir, dass sie Krebs hatte, der aber schließlich geheilt wurde. Aber dann traten andere Krankheiten auf. Sie fragt sich: »Hört das nie auf? Warum ist das bei mir so?« Auch sie fühlt sich als Opfer.

Viele beginnen dann, in ihrem Leben nachzuforschen, was sie falsch gemacht haben. Trotz gesunder Ernährung und Lebensweise hat es sie getroffen. Sie fühlen sich als Opfer des Schicksals, können das nicht als Willen Gottes erkennen.

Die Rebellion gegen die Krankheit ist gut und gesund. Aber irgendwann gilt es, sie anzunehmen und trotzdem sein Leben zu leben, so gut es geht. Manchen gelingt es so, aus der Opferrolle auszusteigen. Sie haben ihre Krankheit akzeptiert. Und sie ist für sie zur Lehrmeisterin geworden. Sie haben neue Seiten an sich entdeckt und sich durch die Krankheit aufbrechen lassen für ihr wahres Selbst. In diesem inneren Selbst finden sie trotz der Krankheit Frieden und Gelassenheit.

Opfer von Unfällen

In Unfallberichten ist häufig von Verkehrsopfern die Rede. Hier unterscheidet man nicht, ob jemand am Unfall Schuld hatte oder ob er unschuldig hineingeriet. Wie der einzelne Mensch dazu steht, ob er auf seine Verletzung aktiv reagiert oder ob er sich sein Leben lang als Opfer fühlt, ist sehr unterschiedlich. Mir begegnen in der Begleitung Menschen, die schwere Verletzungen erlitten haben, sich aber nicht als Opfer fühlen, weil sie aktiv darauf reagiert haben. Andere dagegen fühlen sich benachteiligt, vielleicht, weil ihr Lebenstraum dadurch zerstört wurde oder weil sie sehr viel Zeit verlieren mit ihrer Gesundung. Es ist besonders schwierig, wenn man Opfer eines Unfalls wird, an dem man selbst keine Schuld hat, und dann trotzdem fürs Leben gezeichnet ist, nie mehr ein normales Leben führen kann.

In der Begleitung solcher Unfallopfer darf ich nicht zu früh sagen: »Steig aus der Opferrolle aus!« Denn das wäre eine erneute Verletzung. Ich darf die Schmerzen, die Rebellion, die Verzweiflung, die Enttäuschung, die Aussichtslosigkeit, die der andere fühlt, nicht überspringen. Ich brauche den Mut, mit dem Opfer in seine Verzweiflung und Rebellion hineinzugehen. Aber als Begleiter sollte ich immer die Hoffnung wachhalten, dass dieser Mensch irgendwann dahin kommt, seine Opferrolle loszulassen und sein Leben so zu gestalten, wie es für ihn jetzt möglich ist.

Die religiöse Überhöhung der Opferrolle

Ich habe eine Ärztin begleitet, die nahe am Burnout war. Als ich sie fragte, wie sie besser für sich selbst sorgen und sich besser abgrenzen könne, meinte sie, Jesus habe sich auch für alle aufgeopfert. Sie wolle Jesus nachahmen. Das war zwar gut gemeint. Aber sie geriet mit dieser religiösen Überhöhung ihrer Opferrolle in eine Falle. Vermutlich wird sie sich weiterhin für die Menschen verausgaben, bis sie zusammenbricht. Wir sind nicht Jesus. Nachfolge bedeutet etwas anderes, als sich bis zum Zusammenbruch für andere aufzuopfern. Vielmehr bedeutet es, auch die eigenen Grenzen zu akzeptieren. Wir sind nicht Gott, der aus dem Vollen schöpft. Wir sind begrenzte Menschen. Wir dürfen aus der Quelle des Heiligen Geistes schöpfen. Aber wir sollen auch auf seine Impulse hören. Er »spricht« zu uns in unseren Gefühlen und in unserem Leib, der uns sagt, dass wir auch selbst bedürftig sind und unsere eigenen Bedürfnisse ernst nehmen sollen.

Verena Kast schreibt, dass manche ihre Opferposition idealisieren:

> »Da wird etwa gesagt: Ich habe eine so schwierige Problematik, dass sich niemand mehr an sie heranwagt, ich kann sie nur allein tragen.«
>
> Kast 89

Dieses Idealisieren der eigenen Opferrolle stabilisiert zunächst einmal das Selbstwertgefühl. Aber irgendwann wird man seiner eigenen Begrenztheit schmerzlich begegnen. Verena Kast erzählt von Menschen, die sich als grandiose Opfer fühlen. Sie meint, bei diesen spiele eine Größenfantasie eine Rolle. Sie brauchen sie, »um ein fragiles Selbstwertgefühl zumindest vorübergehend zu stabilisieren« (Kast 90). Doch die Gefahr besteht darin, dass sie in ihrer Opferrolle bleiben. Es gibt keinen Grund auszusteigen. Denn dann müssten sie sich von ihrer Grandiosität verabschieden.

> »Menschen, die ihre Opferposition idealisieren, äußern meistens recht viel Selbstmitleid, eine Art von verfehlter Empathie mit sich selbst.«
>
> Kast 90

Statt Selbstmitleid, in dem man nur um sich kreist und sich bedauert, ist es wichtig, wirkliches Mitgefühl mit sich zu entwickeln. Nur dann könnten wir aussteigen aus der idealisierten Opferrolle.

Die Ärztin litt zwar an ihrer Überforderung durch ihre Arbeit. Aber sie wollte auch nicht wirklich etwas daran ändern. Denn dann hätte sie sich verabschieden müssen von der Vorstellung, dass sie sich wie Jesus jedem Menschen widmen und sich für jeden aufopfern kann. Jesus hat sich allerdings sehr wohl abgegrenzt. Er ist allein auf den Berg gegangen, um zu beten. Und er hielt sich an einsamen Orten auf, um dem Andrang der Menschen zu entgehen (vgl. Markus 1,45). Wer meint, er bräuchte sich nicht abzugrenzen und könne auf jede Bitte hin helfen, der überschätzt sich und erliegt einer Flucht vor der eigenen Begrenztheit in die Grandiosität. In solchen Situationen hilft die Haltung der Demut, die sich der eigenen Grenzen bewusst ist.

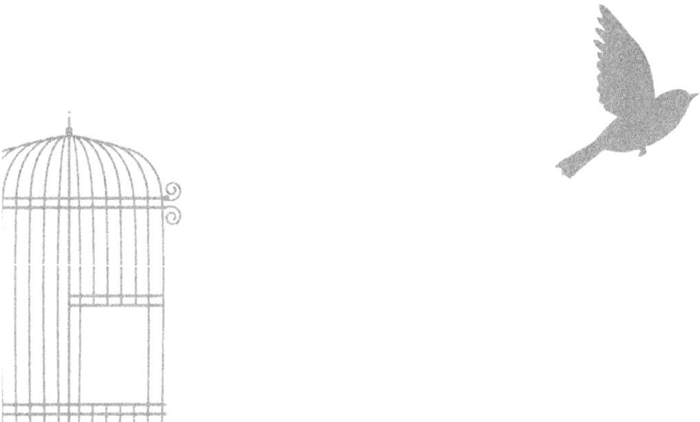

4. Wege der Verwandlung und Heilung

Wenn ich nun Wege der Verwandlung und Heilung sowohl der Opfer als auch der Täter beschreibe, dann beziehe ich mich auf beide Bereiche: den gesellschaftlichen und persönlichen Bereich. Ich werde bei der Beschreibung der Wege aber nicht immer gleichzeitig beide im Auge haben, sondern abwechselnd den einen oder anderen besonders betrachten. Wichtig ist mir, zu betonen, dass die Verwandlung und Heilung sehr verschieden aussehen kann und muss, je nachdem, wie und wo man zum Opfer geworden ist. So werden beispielsweise Menschen, die sexuellen Missbrauch erfahren haben, manche Wege als zu schnell und zu einfach empfinden. Ich möchte mit meinen Heilungswegen niemanden überfordern. Aber ich möchte in allen Fällen und bei allen Betroffenen die Hoffnung nähren, dass Heilung möglich ist.

Vergebung

Ohne Vergebung erfährt man als Opfer keine Heilung und ohne Vergebung wird auch der Täter nicht verwandelt. Wir müssen die Vergebung jedoch richtig verstehen. Manche meinen, es bedeute, nachzugeben oder den Täter zu entschuldigen. Dagegen wehren sich viele zurecht. Für mich vollzieht sich Vergebung in fünf Schritten, die alle gegangen werden müssen, damit sie wirklich gelingt. Es freut mich, dass heute viele Psychologen Vergebung als therapeutischen Weg neu entdeckt haben. Vergebung heißt nicht, dass ich das Unrecht der Vergangenheit vergesse, sondern dass ich mich davon befreie. Die fünf Schritte gelten für den persönlichen Weg, aber auch für die Vergebung in der Gesellschaft.

Der erste Schritt muss immer sein, den Schmerz nicht zu überspringen, sondern ihn ernst zu nehmen. Das heißt: die Schmerzen der Opfer ernst zu nehmen und sie nicht zu verharmlosen. Ohne die bewusste Wahrnehmung der Schmerzen verliert die Vergebung ihren Ernst. Das gilt gerade auch für den persönlichen Bereich. Wenn mich beispielsweise die Eltern verletzt haben, darf ich meinen Schmerz nicht verharmlosen, indem ich sage: Sie konnten nichts dafür. Ich soll vielmehr anerkennen: Ganz gleich, wie es war, mir hat es wehgetan. Und mir tut es heute noch weh. So würdige ich meine Schmerzen.

Der zweite Schritt ist, die Wut zuzulassen. Wut ist die Kraft, die es ermöglicht, uns von denen zu distanzieren, die uns verletzt haben. Im politischen Bereich bedeutet das, sich von denen zu distanzieren, die Unrecht begangen haben. Gerade für Opfer von sexuellem Missbrauch ist es wichtig, dass sie mit ihrer Wut in Berührung kommen, sie zulassen können.

Die Wut ist die Kraft, sich von den Tätern zu distanzieren und die eigenen Kräfte wieder zu spüren. Es braucht einen gesunden inneren Abstand, um vergeben zu können. Letztlich muss die Wut in Ehrgeiz verwandelt werden, dass wir aus uns selbst leben können, dass wir uns nicht immer als Opfer behandeln lassen. Vergebung ist etwas Kraftvolles und kein schwaches Nachgeben. Jesus hat uns diese Wut vorgelebt, wenn wir noch einmal zu der Geschichte der Heilung des Mannes mit der verdorrten Hand zurückkehren. Er schaut die Pharisäer voller Wut an. In der Wut distanziert er sich von ihnen, raubt ihnen ihre Macht. Er kommt mit seiner eigenen Kraft in Berührung: Ich tue das, was ich von meiner inneren Mitte her für richtig erspüre.

Der dritte Schritt ist, objektiv wahrzunehmen und zu analysieren, was geschehen ist. Auf gesellschaftlicher Ebene meint das die soziologische und psychologische Analyse dessen, was in der Vergangenheit geschehen ist. Wie ist es dazu gekommen? Was waren die Bedingungen, dass eine Diktatur entstehen konnte? Wie haben die Diktatoren Macht gewonnen? Und was haben sie ausagiert?

Nur wenn wir verstehen können, was geschehen ist, können wir dazu stehen. Verstehen heißt nicht, zu entschuldigen, sondern zu erklären, wie es dazu kommen konnte. Indem wir das Tun der Täter verstehen, uns psychologisch erklären, können wir damit umgehen. Was wir nicht verstehen, das bleibt wie ein Rätsel an uns hängen und lässt uns keine Ruhe.

Der vierte Schritt ist die eigentliche Vergebung. Das meint zuerst eine Befreiung und Reinigung von der negativen Energie, die durch die Verletzung in mir ist. Zum Zweiten meint sie eine Befreiung von der Macht der Verletzer. Wenn ich nicht vergeben kann, bin ich immer noch gebunden an den, der mich verletzt hat. Noch einmal: Vergebung heißt nicht, dass ich alles vergesse, und auch nicht, dass ich mich sofort mit dem Täter verbrüdern oder ihn jetzt lieben muss. Vergeben heißt: weggeben – ich lasse die Verletzung beim anderen. Ich bleibe bei mir und lasse mich in meinen Gedanken nicht von dem bestimmen, der mich so verletzt hat. Vergebung kann auch bedeuten, dass ich inneren Abstand brauche zu dem, der mich verletzt hat.

Vergebung ist ein Akt der Befreiung. Das heißt, zu vergeben führt nicht automatisch zu einem guten Verhältnis zum Täter. Ich muss auf mein Gefühl hören, wie diese Beziehung für mich »passt«, was möglich ist und was (noch) nicht. Ein Beispiel: Eine Frau wurde von ihrem Vater sexuell missbraucht. Sie war deshalb lange in Therapie. Am Ende der Behandlung hatte sie das Gefühl: Jetzt kann ich meinem Vater vergeben. Sie fuhr zu ihm, um ihm das zu sagen, doch kaum war sie im Haus, musste sie erbrechen. Daraufhin klagte sie sich selbst an, dass sie ihm doch noch nicht vergeben habe, es nicht ernst gemeint habe damit. Ich antwortete ihr: »Doch, Sie haben vergeben. Die Vergebung ist vielleicht sogar schon vom Kopf ins Herz gerutscht, aber noch nicht in Ihren Leib. Er sagt Ihnen, dass Sie noch Abstand brauchen. Sie können nur darauf hoffen, dass

Ihnen auch Ihr Leib einmal die Erlaubnis gibt, die Nähe Ihres Vaters auszuhalten.« Wir sollten unserem Gefühl und unserem Leib vertrauen, um zu erkennen, ob wir die Nähe zum anderen ertragen oder suchen oder ob es besser ist, ihn aus unserem Leben hinauszuwerfen und den Kontakt zu ihm abzubrechen.

Der fünfte Schritt ist, die Wunden in Perlen zu verwandeln. Auf der politischen Ebene würde das bedeuten, dass die Opfer ihre Erfahrungen von Gewalt und Verletzung verwandeln beziehungsweise sie als etwas betrachten, was sie sich nicht gewünscht haben, aber ihr Leben letztlich reicher gemacht hat. Sie haben viel Leid erfahren, aber vielleicht sind sie durch dieses Leid auch gewachsen und haben in sich eine Kraft entwickelt, die sich nun auch positiv für das Land auswirken kann. Ein Beispiel hierfür ist sicher Nelson Mandela, der Opfer von großer Ungerechtigkeit, von Folter und Freiheitsberaubung geworden ist. Im Gefängnis wurde es ihm irgendwann möglich, seinen Peinigern zu vergeben. Statt ihn zu brechen, wurde so eine große Persönlichkeit aus ihm, sodass er nach seiner Entlassung und Rehabilitierung zum Präsidenten seines Landes gewählt wurde. Er hat viel zur Versöhnung beigetragen und seinem Land neues Selbstvertrauen geschenkt.

Ein anderes Beispiel: Tomáš Halík, der tschechische Theologe und Soziologe, beklagt, dass in seinem Heimatland der Sturz des kommunistischen Regimes zu sanft verlaufen sei. Es sei zwar gut, dass nicht der Geist der Rache und eine Hexenjagd den Übergang geprägt haben. Doch er gibt zu bedenken:

> »Das, was eingetreten ist, war allerdings nicht im Geiste der christlichen Vergebung, die den Mut verlangt, die Schuld beim wahren Namen zu nennen und einen langen und beschwerlichen Weg der Buße, der inneren Gesundung einzuschlagen. Das, was eingetreten ist, war eine Bagatellisierung und Tabuisierung von Schuld und Mitschuld.«
>
> Halík 45

Man war nicht bereit, seine eigene Mitschuld einzugestehen »und den Weg der moralischen Gesundung der Gesellschaft einzuschlagen« (Halík 45). Das führt dazu, dass die Wunden nicht geheilt werden. Halík zitiert einen polnischen Autor, der ähnlich argumentiert:

> »Man kann keine volle Freiheit und die Fähigkeit zu erfolgreichem Handeln erlangen, ohne dass man ... zu den dunklen Seiten der eigenen Vergangenheit Stellung bezieht. Es ist stets ein Zeichen von Schwäche, wenn man das mit Schweigen zudeckt.«
>
> Halík 57

Vergebung heißt also nicht, das Vergangene zu vergessen oder darüber hinwegzugehen. Vergeben kann ich nur das, was als Schuld anerkannt ist.

Noch ein Beispiel für die Verwandlung einer Wunde in eine Perle aus meiner Seelsorge: Eine Frau, die von ihrem Vater sexuell missbraucht worden war, erzählte mir, dass sie bis zu ihrem vierzigsten Lebensjahr nicht gelebt, sondern nur funktioniert habe. »Ich habe den Missbrauch einfach verdrängt. Doch dann zwang mich eine Depression, ihn anzuschauen. Ich habe eine Ausbildung in Körperarbeit gemacht und anschließend in einer psychosomatischen Klinik gearbeitet. Hier durfte ich die Erfahrung machen, dass sich mir viele Frauen anvertraut haben und gespürt, dass meine Wunde in eine Perle verwandelt worden ist.« Diese Frau sagte mir an ihrem achtzigsten Geburtstag: »Ich war noch nie so glücklich, so im Einklang mit mir wie jetzt.«

Bei ihr ist die Wunde wirklich zu einer Perle geworden, weil die Frauen, die ein ähnliches Schicksal hatten wie sie selbst, ihr mehr vertraut haben als den ausgebildeten Psychologen. Ich erzähle das, um in allen, die Ähnliches erfahren haben, die Hoffnung zu stärken, dass auch ihre Wunden in Perlen verwandelt werden können.

Versöhnung

Vergebung ist noch nicht Versöhnung, aber sie ist die Voraussetzung dafür. Das lateinische Wort *reconciliatio* meint wörtlich übersetzt, dass eine neue Verbindung und Gemeinschaft zwischen Opfern und Tätern möglich wird (*re* = zurück, *conciliatio* = Vereinigung, Gemeinschaft). Es ist nicht immer einfach, zu entscheiden, ob ich schon mit mir selbst und meiner Lebensgeschichte und mit denen versöhnt bin, die mich verletzt haben. Daher ist es gut, Rituale der Versöhnung zu feiern. In den Ritualen kann ich zumindest für einige Augenblicke die

Versöhnung spüren. Dann darf ich darauf vertrauen, dass diese Versöhnung sich auch im Alltag auswirkt. Rituale – so meint der Psychologe C. G. Jung – bewirken mehr als moralische Appelle zur Versöhnung. Rituale vermögen die tief im Unbewussten weiterwirkenden Gefühle von Hass und Feindschaft aufzulösen. Zudem werden in ihnen Gefühle ausgedrückt, die sonst keinen Ausdruck finden. Versöhnungsrituale verbinden die Menschen auf neue Weise, sie verbinden Opfer und Täter und ihre Nachkommen.

Ich möchte ein Beispiel aus der deutschen Geschichte anführen und dann ein paar persönliche Versöhnungsrituale beschreiben:

Fünfzig Jahre nach Kriegsende organisierte der evangelische Christ Albrecht Fürst von Castell-Castell mit vielen Freunden sogenannte Versöhnungswege in die Länder, die durch Deutsche großes Leid erfahren hatten. Die engagierten Christen besuchten vor allem jene Orte, an denen Deutsche Massaker verübt hatten, häufig aus Rache oder Willkür gegenüber den Besetzten. Manche Überlebenden waren dankbar, dass Deutsche den Mut fanden, an diese Orte zu gehen. Aber oft bekamen die Teilnehmer dieser Versöhnungswege auch zu hören: »Warum hat es fünfzig Jahre gebraucht für diese Geste, warum nicht schon nach zwanzig Jahren oder gleich nach Kriegsende?« Bei der Versöhnungsliturgie, die mit Priestern oder Rabbinern aus den betroffenen Ländern und evangelischen Pfarrern aus Deutschland gemeinsam gefeiert wurde, baten die Deutschen um Vergebung für das, was ihre Landsleute diesen Menschen angetan hatten. Die Betroffenen nahmen die Bitte an. Das Bekenntnis der Schuld bewegte manchmal auch die Menschen an den Orten, dass sie ihrerseits um Vergebung baten für das, was sie selbst an Unrecht verübt hatten. Dann betete man gemeinsam das Vaterunser und umarmte sich zum Friedensgruß. Zuletzt wurden Brot, Salz und Wein als Gaben der Versöhnung überreicht. Man aß gemeinsam das Brot und trank miteinander den Wein. So wurde die Versöhnung besiegelt. Diese Art der Bitte um Vergebung hat die Menschen berührt, es flossen viele Tränen. Häufig war die Folge, dass die Ressentiments, die die Opfer gegenüber den Tätern hatten – selbst, wenn sie nur als Nachfahren davon betroffen waren –, aufgelöst wurden und ein neues Miteinander möglich war.

Ein Beispiel aus meiner unmittelbaren Umgebung: Unsere Abtei Münsterschwarzach wurde am 8. Mai 1941 von der Gestapo aufgelöst. Die Verantwortung dafür trugt der damalige Gauleiter von Würzburg. Am Ende des Krieges brachte er sich selbst, seine Frau und eine seiner Töchter um. Eine andere war nicht im Haus gewesen und wurde daher verschont. Der Enkel dieser Tochter hatte das Gefühl, dass in seiner Familie etwas nicht stimmte, weil seine Mutter nie über ihre Familie sprach und die Großmutter sozusagen totgeschwiegen wurde. Er stellte selbst Nachforschungen an und erkannte, dass sein Urgroßvater der Gauleiter von Würzburg gewesen war und die Abtei aufgehoben hatte. Nun spürte er das Bedürfnis, für das Unrecht, das sein Urgroßvater begangen hatte, in einem Ritual mit dem Abt des Klosters um Versöhnung zu bitten. Er besuchte Abt Michael und schlug ihm als Versöhnungsritual vor, mit ihm in die Kirche zu gehen, am Grab des Abtes, den der Gauleiter ins Gefängnis geworfen hatte, zu beten und dann zum Zeichen der Versöhnung eine Kerze anzuzünden und sie am Grab des Abtes aufzustellen. Abt Michael, der uns Mönchen von diesem Ritual erzählte, war sehr berührt von dieser Geste. Und auch für den Mann, der um dieses Ritual gebeten hatte, war es bewegend. Er hatte den Eindruck, dass da etwas in seiner Lebensgeschichte geheilt wurde.

Beide Rituale – die »Versöhnungswege« und das gemeinsame Beten mit dem Urenkel des Gauleiters – gingen von den direkten Nachkommen der Täter aus. Jene, die für das Unrecht in Taiwan verantwortlich waren, sind heute nicht mehr am Leben. Ähnliches gilt für jene, die in Chile, Argentinien und anderen südamerikanischen Ländern Menschen gefoltert und getötet haben. Es kann daher nur die Aufgabe der nachfolgenden Generation sowohl der Opfer wie der Täter sein, nach Möglichkeiten zu suchen, das vergangene Unrecht aufzuarbeiten. Eine Möglichkeit wären auch hier Rituale. Sie schaffen Versöhnung und lösen alte Verhärtungen auf, eröffnen Möglichkeiten für ein neues Miteinander. Rituale klagen die Täter nicht an, aber sie bringen das Verbrechen zur Sprache. Das jedoch so, dass sich ein Weg zur Versöhnung öffnet. Solche Rituale brauchen Menschen, damit die Vergangenheit geheilt werden kann. Das können persönliche Rituale zwischen den Familien der Täter und der Opfer sein, aber auch öffentliche Rituale in Kirchen, in der Gesellschaft, der Politik.

Segnen als Abschied aus der Opferrolle

Jesus sagt:

> »Segnet die, die euch verfluchen!«
>
> Lukas 6,28

Wenn uns jemand verletzt hat, dann kreisen wir manchmal den ganzen Tag um diese Verletzung. Wir fühlen uns als Opfer und geben mit dem Jammern dem, der uns verletzt hat, immer noch mehr Macht. Wenn ich den anderen segne, dann steige ich aus dieser Opferrolle aus. Wenn ich Kurse halte zu diesem Thema, übe ich mit den Teilnehmern oft ganz konkret, den zu segnen, der sie verletzt hat. Eine Frau sagte mir: »Das kann ich nicht. Dieser Mensch hat mir so wehgetan.« Ich antwortete ihr, sie solle es einfach versuchen. Im Anschluss erzählte sie mir, dass es ihr gutgetan habe. Sie hatte den Segen wie einen Schutzschild erfahren, der sie vor der verletzenden Macht des anderen schützte. Sie war mit ihrer Kraft in Berührung gekommen, war nicht passiv geblieben, sondern hatte aktiv Energie zum anderen geschickt: den Segen Gottes und ihren eigenen Segen. Das hat sie befreit von der Macht des anderen. Jetzt konnte sie ihm auf neue Weise begegnen und aus ihrer Opferrolle aussteigen. Segnen löst nicht alle Probleme. Aber es zeigt mir, wie weit ich mit der Aufarbeitung einer Verletzung bin.

Einer Frau wurde schlecht, als sie einen Kollegen segnete, der sie verletzt hat. Das war auch eine wichtige Erfahrung für sie. Sie hat dadurch erkannt, dass sie sich von diesem Kollegen trennen muss, dass sie nicht mehr mit ihm zusammenarbeiten kann. Wenn wir als Opfer den Täter segnen, kommen wir in die eigene Kraft. Wir ordnen uns nicht unter, sondern richten uns auf und können dem Täter mit mehr Selbstvertrauen begegnen.

Segnen ist kein Überspringen des Unrechts. Jesus sagt beispielsweise auch nicht, dass man das Verfluchen oder Verletzen durch andere überspringen soll. Er fordert aber dazu auf, darauf aktiv zu reagieren und nicht passiv, indem wir uns in unserer Opferrolle einrichten und Opfer bleiben. Nur wenn wir uns aufrichten und mit unserer eigenen Kraft in Berührung kommen, sind wir fähig, auf das Unrecht der Vergangenheit so zu reagieren, dass daraus Segen für alle entsteht. Denn im Segen liegt die Hoffnung, dass die Täter verwandelt werden, dass sie mit ihrer Wahrheit in Berührung kommen und den Weg der Umkehr wagen.

Wenn ich den anderen segne, stelle ich mir vor, dass Gottes Segen und Gottes Liebe in ihn strömen und ihn in Berührung bringen mit seinem wahren Wesen. Ich vertraue darauf, dass er dann sein Tätersein nicht mehr braucht. Er wird vielleicht fähig, den Schmerz zu spüren, den er dem anderen angetan hat, und sich seiner Wahrheit zu stellen. Wenn er in Einklang kommt mit sich selbst, kann er andere nicht mehr zum Opfer machen. Dann fühlt er sich innerlich verbunden mit ihnen und ihren Schmerzen. Er wird fähig zu einem neuen Verhalten. Und auch ich als Betroffener kann ihm anders begegnen. Und ich muss aus eigener Erfahrung sagen: Oft habe ich gespürt, dass die Begegnung mit einem schwierigen Menschen durch das Segnen auf einmal möglich war und für uns beide zum Segen geworden ist.

Gerechtigkeit und Barmherzigkeit

Damit das Aufdecken des Unrechts in allen Bereichen zum Segen wird, braucht es das Miteinander von Barmherzigkeit und Gerechtigkeit. Die Bibel kennt vier Worte für den Begriff »Barmherzigkeit«:

Das hebräische Wort für Barmherzigkeit bedeutet eigentlich Mutterschoß. Barmherzigkeit ist also eine mütterliche Haltung. Eine Mutter ist immer voller Hoffnung, dass das Kind sich gut entwickelt. Barmherzig ist also, wer hofft, dass den Tätern eine neue Einsicht und Haltung möglich wird.

Mit dem griechischen Verb *splagchnizomai* wird meistens Jesu Verhalten beschrieben, aber auch das des barmherzigen Samariters. Es meint von seinem Wortstamm her, dass ich mich in den Eingeweiden berühren lasse, dass ich den anderen in mich eintreten lasse, dass ich mit ihm leide. Ich spüre mich in den Täter hinein und stelle mir vor, wie er in sich selbst etwas tötet, wenn er andere so sehr verletzt. Und ich wünsche ihm, dass er heil wird. Ich fühle mich aber auch in das Opfer hinein und leide mit ihm. Ich stelle mich nicht über das Opfer, sondern habe teil an seinem Leiden.

Das dritte Wort, griechisch **eleos**, das wir aus dem ***Kyrie eleison*** kennen, meint das Umsetzen der Barmherzigkeit in die Praxis. Barmherzigkeit hat in dieser Bedeutung eine politische Dimension. Im Mittelalter haben die Christen durch die sieben Werke der Barmherzigkeit zur Humanisierung der Gesellschaft beigetragen. Die Christen haben aus den Worten Jesu aus der Gerichtsrede bei Matthäus (Matthäus 25,31–46) die sieben Werke der Barmherzigkeit entwickelt: Hungrige speisen, Durstige tränken, Fremde aufnehmen, Nackte bekleiden, Kranke besuchen, Gefangene aufsuchen und Tote begraben. Diese Werke der Barmherzigkeit waren der Grund, Hospitäler zu gründen und für die Armen zu sorgen.

Auch heute leisten viele mit ihrem barmherzigen Tun einen wichtigen Beitrag zu einer menschlicheren Gesellschaft. Die politische Dimension zeigt sich aber nicht nur im barmherzigen Tun, sondern auch im barmherzigen Sprechen. Unsere Sprache ist heute oft kalt, verurteilend, anklagend, spaltend. Jesus fordert dagegen eine barmherzige Sprache, eine Sprache, die neues Leben ermöglicht. Die Leute sagen zu Petrus:

> »Deine Sprache verrät dich ja.«
>
> Matthäus 26,73

Unsere Sprache verrät uns auch heute noch: ob wir spalten oder versöhnen, aufrichten oder erniedrigen, anklagen oder verstehen.

Die Kirchenväter sagten: Mit der Sprache bauen wir ein Haus. Es ist wichtig, dass wir in unserer Gesellschaft und unserer Kirche mit unserer Sprache ein Haus bauen, in dem Menschen sich angenommen und verstanden und gewürdigt fühlen, und nicht eines, in dem sie frieren und möglichst schnell heraus möchten.

Das vierte Wort, griechisch **oiktirmon**, bedeutet **mitfühlen**. Jesus benutzt dieses Wort, wenn er sagt:

> »Seid barmherzig, wie es auch euer Vater ist!«
>
> Lukas 6,36

Gott ist ein mitfühlender Gott. Er fühlt mit allen Menschen, mit den Tätern und Opfern. So sollen auch wir mitfühlen und darin Gott ähnlich werden. Dann wird neues Leben möglich. Wenn die Opfer mit den Tätern fühlen und die Täter mit den Opfern, dann wird die Spaltung überwunden, dann schafft das Mitfühlen eine innere Verbundenheit und Einheit.

Bei dem Begriff »Gerechtigkeit« unterscheiden wir drei verschiedene Bedeutungen:

Für Platon ist Gerechtigkeit eine persönliche Tugend. Sie besteht darin, dass ich mir selbst und meiner Würde als Mensch gerecht werde und dass ich deshalb auch dem anderen in seiner Würde gerecht werde und ihn gerecht behandle.

Die zweite Bedeutung meint soziale Gerechtigkeit. Sie ist Aufgabe des Staates und aller Institutionen. Der Staat hat dafür zu sorgen, dass es gerechte Strukturen gibt, gerechte Güterverteilung, gerechte Chancenverteilung. Ohne Gerechtigkeit wird es keinen Frieden geben, weder in der Familie, der Gesellschaft noch in der Welt. Doch absolute Gerechtigkeit gibt es nicht. Jesus preist die selig, die hungern und dürsten nach der Gerechtigkeit. Wir müssen nach Gerechtigkeit streben, immer wieder neu. Gerechtigkeit ist nie ein Zustand, der für immer herrscht. Sie muss stets neu errungen werden.

Die dritte Bedeutung des Begriffes meint die strafende Gerechtigkeit. Jedes Unternehmen, jede Gesellschaft, jeder Staat muss auch die Macht haben, Verbrechen und Unrecht zu sühnen. Strafe ist etwas anderes als Rache. Strafe hat zum Ziel, den Täter zu bessern. Sie ist immer voller Hoffnung. Rache dagegen vergilt Unrecht mit Unrecht, Gewalt mit Gewalt. Aus diesem Kreislauf gibt es kein Entkommen, hier ist keine Weiterentwicklung zum Guten möglich.

Das ist entscheidend für die Heilung der Opfer und der Täter, dass die Opfer sich nicht an den Tätern rächen. Denn dann bleiben die Opfer in ihrer Rolle und werden zudem selbst zu Tätern. Die Täter dagegen werden sich in ihrem Verhalten bestätigt fühlen und, wenn möglich, weiter ihre Macht dazu missbrauchen, andere zu Opfern zu machen. Vergebung und Versöhnung sind die Bedingung, dass Rache vermieden wird. Aber es bedarf auch der strafenden Gerechtigkeit, die zugleich mit Barmherzigkeit verbunden ist, damit Heilung geschieht und keine Rachegefühle aufkommen.

Rache ist eine Reaktion auf das erlittene Unrecht außerhalb jeder Rechtsordnung. Sie wird selbst zum Unrecht. Das deutsche Wort »Rache« meint von seinem Wortursprung her: verfolgen und vertreiben. Die Rache spaltet also die Gesellschaft, indem sie Menschen aus ihr vertreibt. Zurück bleibt nur ein »Wrack«. Das Wort »Rache« ist verwandt mit dem Wort »Wrack«. Sowohl das Opfer wie der Täter werden durch die Rache zu »Wracks«. Sie werden in ihrer Menschlichkeit zerstört.

Beim Propheten Jesaja heißt es:

> »Gerechtigkeit schafft Frieden.«
>
> Jesaja 32,17

Das Unrecht, das beispielsweise in der Geschichte eines Volkes geschehen ist, ist eine Herausforderung für jedes Land, für Gerechtigkeit einzutreten. Doch wenn Gerechtigkeit absolut verstanden wird, schafft sie nur neues Unrecht. Es geht darum, Gerechtigkeit mit Barmherzigkeit zu verbinden. Gerechtigkeit heißt, dass ich den Opfern gerecht werde, dass ich ihrer Würde und ihrem Leid gerecht werde. Das gilt aber nicht nur für mich persönlich, sondern auch für einen Staat. Er muss den Opfern Gerechtigkeit widerfahren lassen. Jesus spricht vom Haus, das auf Sand gebaut ist und daher zusammenstürzen wird, sobald Stürme von außen daran rütteln (Matthäus 7,27). Das gilt auch für einen Staat. Wenn darin Gerechtigkeit mit Barmherzigkeit verbunden ist, ist das Haus auf Fels gebaut. Es wird auch Stürme und Krisen überstehen.

Wenn Gerechtigkeit mit Barmherzigkeit gepaart ist, entsteht daraus Segen. Den Opfern muss Gerechtigkeit widerfahren. Aber auch die Täter sollen gerecht behandelt werden. Sie sollen zur Rechenschaft gezogen werden. In politischer Hinsicht ist es jedoch häufig so, dass Unrecht erst nach einer ganzen Weile aufgearbeitet wird. Das bedeutet, dass die Täter verstorben oder aber sehr alt sind und sie daher der Gerechtigkeit in Form von Strafe entgehen. Aber selbst dann muss das Unrecht beim Namen genannt werden, dürfen die einstigen Mörder nicht als Staatshelden gefeiert werden. Sonst ist das Land auf Unrecht aufgebaut. Und das ist ein sehr brüchiges Fundament.

Erst wenn alles Unrecht aufgedeckt ist, kann man auch Barmherzigkeit walten lassen. Barmherzigkeit darf jedoch nicht so verstanden werden, dass sie ungerechte Zustände zementiert oder vergangenes Unrecht einfach zudeckt. Barmherzigkeit deckt auf, aber sie verurteilt nicht, sondern sie geht barmherzig mit den Menschen um. Für die frühen Mönche bedeutete diese Barmherzigkeit, dass sie im Unrecht, das andere begangen haben, immer einen Spiegel sahen, in dem sie sich selbst erkannt, in dem sie auch ihre eigenen verletzenden Tendenzen gesehen haben. Die Mönche gingen mit sich selbst barmherzig um. Und so konnten sie auch barmherzig mit denen umgehen, die ihre Schuld bekannten.

Die Barmherzigkeit, die die Kirchen auch in diktatorischen Gesellschaften immer gepredigt haben, hat in der Vergangenheit dazu geführt, dass es zu einem gewaltlosen Übergang von der

Diktatur zur Demokratie gekommen ist wie in Chile, Spanien, den Philippinen, Polen und in der DDR. Tomáš Halík, der tschechische Theologe, meint: Die moralische Stärke der Kirchen »wäre undenkbar ohne den Einsatz gewesen, den die Opfer der Gewalt in die Bewegung des politischen Dissenses eingebracht haben – diejenigen, die falschen Frieden und bequeme Kompromisse mit der Macht ablehnten, diejenigen, die unermüdlich das Gute als gut und das Böse als böse bezeichneten und die sich nach dem Beispiel Jesu Christi im Hass nicht zum Hass provozieren ließen« (Halík 42).

Die Opfer leisten also einen wichtigen Beitrag zum barmherzigen Umgang mit den Menschen, die Unrecht getan haben. Nur wenn sie nicht in ihrer Opferrolle bleiben, sondern sich von der Barmherzigkeit leiten lassen, ist ein gewaltloser Übergang von der Diktatur in die Demokratie möglich. Und nur dann entsteht eine Gesellschaft, die ihre dunkle Vergangenheit nicht verdrängt, sondern erhellt. In der Psychologie sagt man: Die dunklen Familiengeheimnisse, die nicht aufgedeckt werden, führen dazu, dass in der Familie Menschen aus unerklärlichen Gründen krank werden. Das gilt auch für die Gesellschaft: Was in der Geschichte eines Volkes dunkel bleibt, macht es krank und führt dazu, dass die verletzenden Verhaltensweisen wiederholt werden. Nur wenn die dunkle Vergangenheit aufgedeckt wird und man ihr zugleich mit Barmherzigkeit begegnet, kann eine Gesellschaft entstehen, die zum Ort der Geborgenheit und Heilung wird.

Das Opfer Christi –
Jesu Hingabe für uns als Weg der Heilung

Bisher ging es immer um Menschen, die zum Opfer geworden sind. Doch ich kann nicht über Opfer sprechen, ohne auf das Opfer Jesu Christi einzugehen. Was hat sein Opfer mit der menschlichen Opferrolle zu tun? Und wie kann das Opfer Jesu zur Heilung dieser schmerzlichen Erfahrungen beitragen?

Wenn im Neuen Testament vom Opfer Jesu die Rede ist, lesen wir in der lateinischen Übersetzung nicht das Wort victima, sondern sacrificium. Victima ist das Opfer, das ich werde, wenn mich jemand tief verletzt. Sacrificium meint das Opfer, das ich für Gott darbringe. Es bedeutet ursprünglich: etwas heilig machen, etwas aus dem weltlichen Bereich herausnehmen und es in den heiligen Bereich Gottes heben, sodass es Gott gehört.

Das deutsche Wort »Opfer« kommt vom lateinischen Wort offerre, was so viel heißt wie »etwas darbringen«, »darbieten«. Heute würde ich es mit Hingabe übersetzen. Ein Opfer im positiven Sinn ist die Hingabe. Und Hingabe ist eine wichtige Bedingung, dass wir aus unserer Opferrolle befreit werden.

So möchte ich zunächst den Begriff »Hingabe« als Bild für unser spirituelles Leben beschreiben und dann auf die Hingabe Jesu am Kreuz eingehen. Vielleicht erkennt mancher in diesen Gedanken noch keinen Weg, mit der Opferrolle umzugehen. Ich möchte dennoch kurz auf die christliche Spiritualität der Hingabe eingehen und dann einige Anregungen geben, wie die

Hingabe uns von der Opferrolle zu befreien und unsere Wunden in Perlen zu wandeln vermag.

Ein Leben ohne Hingabe wäre ein langweiliges Leben, das nur um das eigene Wohlbefinden kreist. Wir Menschen leben davon, dass andere sich für uns hingeben, dass sie ihre Zeit für uns opfern, sich für uns einsetzen. Eine Gesellschaft ohne Opfer und Hingabe wäre eine kalte Gesellschaft, in der es nur um den Konsum geht. Aber das widerspräche der Würde des Menschen. In diesem Sinn wird der Opferbegriff durchaus auch in weltlichen Zusammenhängen verwendet: Der Einsatz für die Ziele eines Unternehmens verlangt von den Mitarbeitern Opfer. Der Einsatz für die Gemeinschaft, für die Sicherheit der Gesellschaft verlangt das Opfer von Krankenpflegern und Ärzten, von Menschen in der Altenpflege, in der Polizei, der Bundeswehr und vielen anderen Organisationen.

Der Begriff »Opfer« meint jedoch von seinem Ursprung, dass ich letztlich nur Gott etwas opfern kann. Er drückt immer die Beziehung zu Gott aus. Opfer im Sinn von *offerre* meint, dass ich Gott ein Geschenk gebe, weil ich ihn liebe. Ein Opfer ist Ausdruck der Liebe zu Gott. So wie ich einem Menschen ein Geschenk mache, um meine Zuneigung zu ihm auszudrücken, so bringe ich Gott ein Opfer, um ihm meine Liebe zu zeigen.

Viele Jahrhunderte hindurch hat man Gott tatsächlich eine Opfergabe dargebracht. Zum Beispiel das, was zuerst geerntet wurde, die sogenannte Erstlingsgabe, um anzuerkennen, dass man in der Ernte von Gott beschenkt wurde. Weil Gott der eigentliche Geber ist, hat man ihm die Erstlingsgaben geopfert. In der asketischen Tradition opferte man statt einer Gabe die kleinen Widrigkeiten des Lebens Gott auf. Ich habe diese Form der Spiritualität noch bei manchen alten Mitbrüdern beobachtet: Wenn ihnen etwas schwerfiel, wenn der Abt ihnen einen Wunsch abgeschlagen hatte, dann haben sie das Gott aufgeopfert. Als junger Mönch war mir das fremd und ich habe diese »Opfermentalität« als falschen Weg verurteilt. Wenn ich das Verhalten mancher Mitbrüder von einer gesunden Distanz aus betrachte, dann war das Opferbringen für viele durchaus Ausdruck ihrer Liebe zu Gott. Sie haben das, was ihr Leben durchkreuzt hat, was ihnen schwergefallen ist, in Liebe zu Gott verwandelt. Bei manchen Mitbrüdern hat dieses Opferbringen zur Härte sich selbst und anderen gegenüber geführt. Bei anderen aber war es Ausdruck ihrer Liebe. Und so wurde ihr Alltag mit seinen Lasten für sie der konkrete Weg, ihre Liebe zu Gott zum Ausdruck zu bringen.

Eine andere spirituelle Tradition bezieht sich auf das Wort *sacrificium* für den Begriff des Opfers. Das bedeutet: etwas heilig machen, etwas aus dem rein weltlichen Bereich in den göttlichen Bereich zu heben. Das Opfer besteht dann darin, dass ich mich Gott hingebe. Opfer ist also Selbsthingabe an Gott. Der Grund dieses Opfers ist die Erkenntnis, dass ich Geschöpf Gottes bin, dass ich mich ganz und gar der Gnade Gottes verdanke. Ich bringe im Opfer zum Ausdruck, dass ich ganz und gar Gott gehöre und dass ich mich ihm deshalb übereigne. Das schließt die Bereitschaft ein, einverstanden zu sein mit dem, was Gott mit mir vorhat. Weil ich Gott gehöre, fühle ich mich frei. Aber ich fühle mich auch verpflichtet, mich auf das einzulassen, was Gott mir im Leben zumutet.

Opfer in diesem Sinn ist nicht etwas Äußerliches. Es geht vielmehr um den Kern meiner Person. Ich bekenne im Opfer, dass ich alles, was ich bin, Gott verdanke. Und so überlasse ich mich ihm, weil ich darauf vertraue, dass er es gut mit mir meint. Ich bekenne im Opfer, dass Gott nicht nur mein Schöpfer ist, sondern auch mein Herr. Ich erkenne im Opfer die Herrschaft Gottes über mich und mein Leben an. Diese Anerkennung ist aber nichts, das mich niederdrückt, sondern etwas, das mich wahrhaft frei macht. Denn wenn ich Gott über mich und in mir herrschen lasse, dann werde ich nicht mehr beherrscht von meinen Bedürfnissen, von meinen Launen, aber auch nicht von den Erwartungen der Menschen. Ich gehöre Gott. So kann kein Mensch über mich herrschen.

In der Frömmigkeitsgeschichte ist dieses Opfern Gott gegenüber oft verfälscht worden, einmal, indem man Opfer als Leistung Gott gegenüber verstanden hat, zum anderen, indem man kleinlich auf alle Annehmlichkeiten des Lebens verzichtete, um Gott etwas opfern zu können. Manchmal war dieses Opfern nicht Ausdruck von Liebe gegenüber Gott, sondern von Lebensverneinung. Doch gegenüber dieser selbstzerstörerischen Haltung versteht beispielsweise Karl Rahner Opfer als »Gang in das Eigene«: Wir entfremden uns nicht, wenn wir uns Gott hingeben. Vielmehr besteht der Grundsatz, »dass der Mensch ist, indem er sich weggibt« (Rahner, Schriften IV, 142). An einer anderen Stelle schreibt er:

> »[Der Mensch] ist jener, der zu sich kommt, wenn er sich an das unbegreifliche Geheimnis Gottes weggibt.«
>
> Rahner, Schriften VI, 548

Der Mensch ist von seinem Wesen her auf das absolute Geheimnis ausgerichtet, das Gott ist. Und nur wenn er sich diesem Geheimnis hingibt, kommt er zu sich selbst, entdeckt er seine eigene innere Freiheit und die Möglichkeiten, die Gott ihm geschenkt hat. Allerdings ist diese Hingabe nicht selbstverständlich. Sie ist oft genug schmerzlich, da wir als Menschen gerne an uns selbst festhalten. Sie verlangt für Rahner daher auch eine »Opferung der Welt«, also ein Aufgeben weltlicher Maßstäbe, etwa der Maßstäbe von Erfolg und Anerkennung. Die Höchstform dieses Opfers geschieht im Sterben. Darin überlasse ich mich Gott, gebe ich mich in Gott hinein, »im Vertrauen darauf, dass mir der größere Gott im Untergang meines eigenen Lebens aufgeht als das ewige Leben und dass er mir dieses zuteil werden lässt, indem er sich selber in seiner Fülle mir, dem Sterbenden, schenkt« (zitiert nach Negel 179).

Gegenüber der Tendenz, den Begriff des Opfers aufzugeben zugunsten einer der Zeit angepassten Spiritualität, zitiert Joachim Negel, Professor für Fundamentaltheologie in Friburg in der Schweiz, in seiner Studie über »Ambivalentes Opfer« den Theologen Gotthard Fuchs, der von einer »Entdramatisierung des Christentums« spricht. Fuchs warnt davor, dass sich die kirchliche Verkündigung darin erschöpfe, »das mitmenschliche Klima und das Wohlbefinden des Einzelnen im Namen eines liebenden, an jedem und jeder offenkundig unendlich interessierten Gottes zu befördern« (Negel 492f). Das würde zur »verbürgerlichten Kirche« führen, vor der schon Søren Kierkegaard gewarnt hat. Negel beruft sich dabei auf den politischen Theologen Johann Baptist Metz, der eine schleichende »Verbürgerlichung der christlichen Religion« diagnostiziert. Metz spricht von einem heimlichen »Unschuldswahn«, der jede Verantwortung für die Nachtseiten des Lebens ablehnt. Negel folgert daraus, »dass die Grundlage für ein gelingendes Zusammenleben zerstört ist, wo niemand mehr die Bereitschaft aufbringt, um der Würde, der Freiheit, der Gerechtigkeit oder auch nur um der Freundschaft und Liebe zu einem konkreten Menschen willen Nachteile, Leiden oder im äußersten Fall das Leben zu wagen. Opfer ist etwas, was man unter keinen Umständen verlangen kann – und wovon unter Umständen doch alle leben« (Negel 494).

Die Bibel spricht vom Opfer Christi, von seinem Tod, in dem er sich ganz und gar Gott übergeben hat. In der Tradition wurde das oft als Sühneopfer verstanden und interpretiert: Jesus ist für unsere Sünden geopfert worden. Doch gegenüber dieser einseitigen Sicht des Todes Jesu verstehen wir heute das Opfer

Jesu am Kreuz anders: Es ist ein Opfer aus Liebe. Das ist auch die Sichtweise, die uns das Johannesevangelium vom Tod Jesu schenkt:

> »Es gibt keine größere Liebe als wenn jemand sein Leben hingibt für seine Freunde.«
>
> Johannes 15,13

Jesus muss nicht Gott durch ein Opfer befriedigen oder versöhnen. Vielmehr ist sein Opfer Vollendung seiner Liebe zu den Menschen:

> »Da er die Seinen liebte, liebte er sie bis zur Vollendung.«
>
> Johannes 13,2

Das Opfer Jesu können wir also im Sinn von Hingabe verstehen. Jesus gibt sich für die Menschen hin:

> »Ich bin der gute Hirt. Der gute Hirt gibt sein Leben hin für die Schafe.«
>
> Johannes 10,11

Die katholische Tradition deutet auch die Eucharistie als Opfer. Das ist nicht im Sinn einer Leistung zu verstehen, auch nicht im Sinn von Sühnopfern. Wir feiern vielmehr in der Eucharistie die Hingabe Jesu für uns, wir feiern seine Liebe, die er in seiner Hingabe für uns vollendet hat. Indem wir das tun, fühlen wir uns geliebt, erkennen wir den Wert unseres Lebens: Da hat einer sein Leben für uns hingegeben. Er hat sich ganz und gar für uns eingesetzt, seinen Kopf für uns hingehalten. Das ist die Grundlage, auf der unser Leben steht, das ist die Quelle, aus der wir leben.

Jesus selbst versteht das, was er von seinen Jüngern verlangt, nicht als Opfer. Er fordert uns auf, ihm nachzufolgen. Nachfolge heißt, den Menschen zu dienen und sie zu lieben. Jesus sagt im Matthäusevangelium zweimal den Satz:

> »Barmherzigkeit will ich, nicht Opfer.«
>
> Matthäus 9,13 und 12,7

Wir brauchen Gott nicht irgendwelche Opfer zu bringen, um ihn gnädig zu stimmen. Wir sollen vielmehr barmherzig sein, uns selbst und anderen gegenüber. Es geht nicht darum, sich selbst auf dem Altar seines eigenen Rigorismus oder der Angst vor Gott zu zerstören. Es geht nicht um Leistungen vor Gott, sondern um die richtige Haltung sich selbst und den Menschen gegenüber. Gemeint ist die Haltung der Barmherzigkeit, die nicht verurteilt, sondern ein Herz für alle Menschen hat, gerade auch für die Sünder. Auf diese Weise will Jesus den Satz verstanden wissen:

> »Denn ich bin gekommen, um die Sünder zu rufen, nicht die Gerechten.«
>
> Matthäus 9,13

So besteht christliches Leben nicht im Opferbringen als religiöse Leistung gegenüber Gott, sondern im barmherzigen Umgang mit sich selbst und anderen.

Ich möchte an dieser Stelle einige Beispiele nennen, in denen das Opfer verstanden als Hingabe den Betroffenen geholfen hat, aus ihrer Opferrolle herauszufinden und wieder ein selbstbestimmtes Leben zu führen, das sie trotz vieler Einschränkungen genießen konnten.

Das erste Beispiel stammt aus dem persönlichen Bereich, und in diesem Fall aus meiner eigenen Familie: Meine Mutter ist mit 91 Jahren gestorben. Die letzten 25 Jahre hatte sie nur drei Prozent Sehkraft und natürlich einige Altersbeschwerden. Trotzdem war sie immer ein fröhlicher Mensch. Ich habe sie einmal gefragt: »Wie kannst du trotz deiner Beschwerden so fröhlich sein?« Sie antwortete: »Die Beschwerden sind nicht so schlimm. Ich opfere sie auf für meine Kinder und Enkelkinder.« Meine Mutter hatte sich die Krankheiten nicht ausgesucht. Sie sind ihr widerfahren. Aber sie hat sie in Hingabe verwandelt. Meine Nichten und Neffen haben das gespürt. Sie haben sich von ihrer Großmutter geliebt gefühlt. Und für meine Mutter war es auch gut. Sie hatte das Gefühl, sie kann ihre Krankheit in Liebe verwandeln. Sie kann noch etwas für andere tun. Ich kenne dagegen alte und kranke Menschen, die ihre Krankheit in einen Vorwurf verwandeln. Wenn ich sie besuche, sagen sie mir: »Du hast ja keine Ahnung. Du bist gesund. Du verstehst gar nicht, wie es mir geht.« Dann gehe ich mit einem schlechten Gewissen nach Hause, dass ich gesund bin. Die Krankheit bleibt die gleiche. Aber es ist meine Entscheidung, ob ich sie in Hingabe oder in einen Vorwurf verwandle.

Wer seine Krankheit in Vorwurf verwandelt, der bleibt in der Opferrolle stecken. Und er wird anderen aggressiv begegnen und eine Spur von Bitterkeit um sich verbreiten. Wer seine Krankheit in Hingabe verwandelt, wird zum Segen für seine Mitmenschen. Natürlich ist es einfacher gesagt als getan, die Krankheit in Hingabe zu verwandeln. Der Weg führt von Rebellion über langsames Annehmen und mündet im besten Fall in der Hingabe. Diesen Weg zu gehen, können wir niemandem vorschreiben, schon gar nicht als Außenstehende. Wir können andere nur darin unterstützen, ihn zu gehen und ihnen vielleicht helfen, noch einmal neu oder aus einem anderen Blickwinkel auf ihr Leben zu schauen.

Menschen, die Opfer von staatlicher Gewalt geworden sind, haben sich ihre Rolle nicht ausgesucht. Sie wurden von willigen Helfern eines Regimes gefangen genommen, gefoltert, vergewaltigt, viele auch getötet. Sie sind wirklich Opfer geworden. Wie soll da das Konzept der Hingabe helfen, aus der Opferrolle herauszufinden?

Ich möchte ein Beispiel aus der Literatur erzählen, das mich tief bewegt hat. Der italienische Schriftsteller Ignazio Silone erzählt in seinem Roman »Wein und Brot« von Luigi, der sich für sozialistische Ideen eingesetzt hat und deshalb von Polizisten zu Tode geprügelt wurde. Sein Vater lädt zur Beerdigung nicht nur die Freunde von Luigi ein, sondern auch Bettler von der Straße. Er reicht ihnen Brot mit den Worten, die ich aus dem Gedächtnis zitiere: »Luigi hat mir geholfen, das Korn zu ernten, aus dem dieses Brot gebacken wurde. Kommt und esst, es ist sein Brot. Luigi hat mir geholfen, die Weinstöcke zu beschneiden und den Wein zu keltern. Kommt und trinkt, es ist sein Wein.« Luigi ist Opfer staatlicher Gewalt geworden. Doch sein Vater gibt das, was sein Sohn gelebt hat, als Brot und Wein an seine Freunde weiter. Sie sollen aus dem leben, was Luigi mit seinem Einsatz für die Gerechtigkeit in dieser Welt hinterlassen hat.

Wenn ich diese Worte aus dem Buch von Ignazio Silone auf die Opfer staatlicher Gewalt beziehe, dann könnten sie den Betroffenen sagen: Ihr habt eure Spur von Gerechtigkeit, von Verantwortung, von Menschlichkeit, von Hoffnung in diese Welt eingegraben. Diese Spur bleibt. Und auch wenn ihr dabei gefoltert und erniedrigt worden seid, ja, selbst wenn dadurch eure geliebten Menschen zu Tode gekommen sind, so bleibt doch eure Spur in der Welt. Es wird eine Spur von Wein und Brot sein, von Brot, das die Menschen nährt, und von Wein, der ihnen einen neuen Geschmack gibt, mitten in einer grauen und geschmacklos gewordenen Welt. Sie können stolz sein auf die Spur, die sie eingegraben haben in diese Welt. Sie haben damit der Welt ein Zeugnis der Hoffnung geschenkt, dass Gerechtigkeit möglich ist, dass eine neue Menschheit auf dieser Erde heranreifen kann, so wie das Korn und die Trauben jährlich reifen, um den Menschen zu stärken.

Wenn ich den Gedanken von Hingabe im Blick auf die Menschen bedenke, die als Kind oder als Erwachsene in ihrem persönlichen Umfeld verletzt worden sind, dann würde das bedeuten, dass ich mich und mein Leben mit all den Wunden Gott hinhalte, in dem Vertrauen, dass seine Liebe diese Wunde in eine Perle verwandelt. Ich gebe mich Gott hin und erfahre in dieser Hingabe, dass alle Schmerzen und alles Leid, die über mich gekommen sind, von seiner Liebe durchdrungen werden. Dann erlebe ich den Schmerz anders.

Zugleich kann ich mein Schicksal, das ich mir nicht ausgesucht habe, das mir widerfahren ist, in Hingabe für andere verwandeln, indem ich mir sage: Mich hat diese Verletzung getroffen, ohne dass ich es wollte. Aber ich nehme sie an als mein Schicksal, stellvertretend für viele, die verschont geblieben sind. Wenn ich diese Wunde nicht zur Bitterkeit werden lasse, sondern sie von der Liebe Gottes durchdringen lasse, dann habe ich in dieser grausamen Welt etwas Dunkles in Licht verwandelt, dann wird durch mich diese Welt auch für andere Menschen heller. Wenn ich meinen Hass in Barmherzigkeit verwandle, mache ich diese Welt menschlicher und wärmer. Das wird dann auch den Menschen in meiner Umgebung guttun. Es ist dann meine Art und Weise, meine Liebe zum Ausdruck zu bringen. Ich darf vertrauen, dass meine Hingabe zum Segen für meine Mitmenschen wird. Dass das nicht immer leicht ist und auch nicht jedem möglich, ist mir klar. Aber wenn ich Betroffene begleite, bin ich doch immer von der Hoffnung durchdrungen, dass eine solche Verwandlung der Wunde in Hingabe geschehen kann, dass dieser Mensch gerade mit seinem schlimmen Schicksal zum Segen für andere werden kann.

5. Biblische Bilder für den Ausstieg aus der Opferrolle

Manchmal helfen uns (Sprach-)Bilder mehr als psychologische oder spirituelle Ratgeber. Daher möchte ich einige biblische Figuren und ihre Geschichten vorstellen, in denen Menschen Abschied von der Opferrolle genommen haben. Wir müssen diese biblischen Bilder nicht kopieren. Aber wenn sie sich in uns einbilden, können sie vielleicht auch uns helfen, aus der Opferrolle auszusteigen. Ich möchte diese Bilder nicht als moralische Appelle verstanden wissen, sondern als Einladungen, sich die Bilder einzubilden, damit sich in unserer Seele etwas wandelt und wir in Berührung kommen mit Fähigkeiten, die wir bisher übersehen haben.

Josef

Im Buch Genesis wird von Josef erzählt, der den Neid seiner elf Brüder auf sich zieht, weil er offensichtlich vom Vater bevorzugt wird und ein bisschen anders ist als alle anderen. Aus Wut beschließen daher seine Geschwister, ihn in eine Zisterne zu werfen. Eigentlich wollten sie ihn sogar töten. Doch einer seiner Brüder hielt die anderen zurück. Als eine Karawane von Kaufleuten vorbeikommt, schlägt Juda vor, Josef für 20 Silberlinge an die Kaufleute zu verkaufen. Diese bringen ihn nach Ägypten und verkaufen ihn dort weiter an Potifar, einen Hofbeamten des Pharaos.

Josef ist Opfer des Neides seiner Brüder geworden. Doch er bleibt nicht in der Opferrolle, sondern wird aktiv. Er macht das Beste aus seinem Schicksal. Voller Eifer arbeitet er für seinen Dienstherrn, es heißt:

> »Der Herr war mit Josef, und so glückte ihm alles.«
>
> Genesis 39,2

Und erntet Wohlwollen. Doch die Frau des Hauses will ihn verführen. Als Josef sich wehrt, bezichtigt sie ihn, sie vergewaltigt haben zu wollen, und er landet im Gefängnis. Wieder wird er zum Opfer einer Intrige. Aber auch in Gefangenschaft verharrt Josef nicht in der Opferrolle. Er tut alles, was von ihm erwartet wird. So gewinnt er das Wohlwollen des Gefängnisleiters und seiner Mitgefangenen. Das führt letztlich dazu, dass Josef zum Pharao persönlich gerufen wird. Er soll ihm seine Träume deuten, und weil ihm dies gelingt und er das Vertrauen des Herrschers erlangt, setzt ihn der Pharao zum Verwalter für ganz Ägypten ein. Joseph wird ein sehr umsichtiger und erfolgreicher Verwalter, der am Ende sogar noch seine Familie rettet und zurückerhält.

Josef ist Opfer des Neides seiner Brüder und der Eifersucht seiner Herrin im Haus des Potifar geworden. Er wird in die Zisterne geworfen, als Sklave verkauft und ins Gefängnis gesteckt. Doch in all diesen Situationen vertraut er darauf, dass Gott mit ihm ist. Er ergibt sich nicht resigniert in die Opferrolle, sondern tut im Vertrauen auf Gott das, was in seiner Hand liegt. Er gibt sich selbst nicht auf, sondern gestaltet aktiv sein Leben. So wird er zum Segen für viele Menschen.

Josefs Schicksal ist eine Hoffnungsgeschichte für alle, die in ihrem Leben zum Opfer von Intrigen und Neid und Rivalität werden. Sie sagt uns: Wir sind nicht ohnmächtig der Opferrolle ausgeliefert. Wir können daraus aussteigen, indem wir im Vertrauen auf Gott das tun, was uns möglich ist. Es gibt in jeder Situation einen Spielraum, den wir frei gestalten können. Wenn wir diesen Spielraum nutzen, kann etwas Neues in uns wachsen.

Jakob und Esau

Im gleichen Buch des Alten Testaments wird von den Zwillingen Jakob und Esau erzählt. Esau wuchs zu einem wilden Mann mit großer Kraft heran und wurde Jäger. Jakob dagegen war deutlich zurückhaltender, eher ein Denker, und seinem Bruder Esau intellektuell überlegen. Daher kaufte er seinem Bruder das Erstgeburtsrecht ab, als der müde von der Jagd heimkam und nicht wirklich bei der Sache war. Dann erschlich er sich mithilfe seiner Mutter den Segen des Erstgeborenen von seinem blinden

Vater und hätte damit allen Besitz geerbt, während sein Bruder leer ausging. Esau war darüber so erzürnt, dass er ihn töten wollte. Also musste Jakob fliehen. Lange Jahre bleibt er in der Fremde, und als er eines Tages seinen Schwiegervater austrickst, muss er wiederum seine Heimat verlassen. Mit seinen Frauen, Söhnen und seinen Herden zieht er in das Land, aus dem er gekommen ist. Da wird ihm gemeldet, dass sein Bruder Esau ihm entgegenkommt. Jakob bekommt es mit der Angst zu tun. Er fürchtet sich vor seinem Bruder, weil er glaubt, er wolle ihn noch immer umbringen. Esau fühlt sich von seinem Bruder, der nach ihm aus dem Mutterleib kam, ausgenutzt, er fühlt sich als sein Opfer. Und er handelt, wie es viele Opfer tun: Er möchte sich an dem rächen, der ihn übervorteilt hat.

Jakob möchte seinen Bruder besänftigen, indem er ihm einen großen Teil seiner Herde zum Geschenk macht. Aber das genügt nicht. Mit Geld allein kann man Opfer nicht aus ihrer Rolle, ihrem Schmerz befreien. Jakob muss sich zuerst seiner eigenen Wahrheit stellen.

Also kämpft er allein die ganze Nacht mit einem dunklen Mann, der sich als Engel Gottes herausstellt. Jakob stellt sich seinem eigenen Schatten, also all dem, was er seinem Bruder Esau angetan hat. Und so wird er von Gott gesegnet. Bei diesem Kampf mit dem Engel wird Jakob an der Hüfte verletzt. Er hinkt nun, das heißt, er geht langsamer, bedächtiger. Nun ist er nicht mehr der schlaue, der sich mit Tricks gegen seinen Bruder durchsetzt. Jetzt fällt er siebenmal vor ihm nieder. Und die beiden umarmen sich. Jakob ermöglicht durch sein Verhalten, dass Esau sich von seiner Opferrolle verabschieden kann. Jakob sagt zu seinem Bruder: Ich habe »dein Angesicht gesehen, wie man das Angesicht Gottes sieht, und du bist mir wohlwollend begegnet« (Genesis 33,10).

Beide Brüder haben sich in dieser Geschichte bewegt: Jakob ist seinem Schatten begegnet und konnte daraufhin in seinem Bruder nicht mehr den Feind sehen, sondern einen, in dem ihm Gott selbst begegnet. Esau hat sich aus seiner Opferrolle herausdrängen lassen durch die Demut Jakobs, der im Niederfallen seinen Bruder als den Erstgeborenen ehrt, als den, dem er Unrecht getan hat. So wird Versöhnung möglich.

Die Heilung des Gelähmten

Im Johannesevangelium wird folgende Geschichte erzählt: Am Teich von Betesda liegt ein Mann, der schon 38 Jahre lang krank ist. Jesus sieht ihn, geht auf ihn zu und fragt ihn:

> »Willst du gesund werden?«
>
> Johannes 5,6

Dieser Mensch ist Opfer einer Krankheit geworden, die ihn schon 38 Jahre lang auf das Bett zwingt. Wenn man das so liest, meint man, da müsste er doch froh sein, dass Jesus ihm helfen will. Doch stattdessen antwortet er in der typischen Opferhaltung: Er jammert, dass niemand ihm hilft, dass keiner Zeit für ihn hat, dass keiner ihn versteht. Er ist zu kurz gekommen, zu langsam. Die anderen haben es alle besser. Die anderen sind schuld, dass er nicht gesund werden kann.

Jesus antwortet konfrontierend mit dem klaren Satz:

> »Steh auf, nimm deine Bahre und geh!«
>
> Johannes 5,8

Das meint: Der Betroffene soll nicht andere für seine Krankheit verantwortlich machen, sondern das tun, was in seiner Hand liegt. Er soll sein Bett unter den Arm nehmen und aufstehen. Eigentlich würde man meinen, der Kranke möchte gar nichts mehr mit seinem Bett zu tun haben, sondern es am liebsten wegwerfen, ganz gesund sein und nicht mehr daran denken. Aber Jesus meint mit diesem Satz: »Nimm deine Unsicherheiten, deine Hemmungen, deine Schwächen, deine Krankheiten, deine Verletzungen unter den Arm. Lass dich von ihnen nicht mehr ans Bett fesseln. Steig aus deiner Opferrolle aus und steh auf. Wage dein Leben. Schau nicht auf deine Benachteiligungen, sondern auf die Kraft, die in dir ist. Das Bett erinnert dich weiterhin an deine Krankheiten und Schwächen. Aber nimm es unter den Arm. Lass dich nicht mehr davon abhalten, selbst zu leben.«

Jesus

Im Hebräerbrief wird deutlich, dass hier der Tod Jesu als Opfer verstanden wird. Allerdings wird hier der jüdische Opferbegriff als irdisches Bild für eine himmlische Wirklichkeit gebraucht. Das Opfer wird personifiziert. Jesus muss nicht irgendwelche Dinge opfern. Er hat sich selbst dargebracht, sich selbst für die Menschen hingegeben. Auch der Begriff der Sühne wird im Hebräerbrief vergeistigt, das heißt, hier wird das Blut der Böcke und Stiere, das das Volk Israel von seinen Sünden reinigt, auf das Blut Jesu geschlossen:

> »Wieviel mehr wird das Blut Christi, der sich selbst kraft ewigen Geistes Gott als makelloses Opfer dargebracht hat, unser Gewissen von toten Werken reinigen, damit wir dem lebendigen Gott dienen.«
>
> Hebräer 9,14

Das Blut Jesu steht für seine Liebe, die unser Gewissen von allen Selbstvorwürfen wegen unserer Schuld reinigt. Im Hebräerbrief nutzt der Verfasser die Aussagen im Alten Testament über das Opfer des Hohepriesters, um von der schattenhaften und vergänglichen Wirklichkeit auf die himmlische und ewige Wirklichkeit hinzuweisen. Er verbindet also die Aussagen des Alten Testaments mit der platonischen Philosophie, die auch vom Schatten und von der eigentlichen Wirklichkeit spricht. Jesus ist gleichsam durch das irdische Zelt in das himmlische Heiligtum hineingeschritten und hat uns schon jetzt Anteil gegeben an diesem himmlischen Heiligtum. Wir haben jetzt schon teil an den himmlischen Gütern. Das Opfer ist im Hebräerbrief also nur ein Bild für das Hineingenommenwerden unserer menschlichen Existenz in die himmlische Wirklichkeit, in der Jesus jetzt schon in Herrlichkeit und Ehre thront (Hebräer 2,9). Der Hebräerbrief drückt das in einem Bild aus: In der Hoffnung, die Christus uns schenkt, »haben wir einen sicheren und festen Anker der Seele, der hineinreicht in das Innere hinter dem Vorhang; dorthin ist Jesus für uns als unser Vorläufer hineingegangen« (Hebräer 6,19f).

Wenn wir diese Worte und Bilder aus dem Hebräerbrief in unsere Erfahrung hinein übersetzen, könnten wir sagen: Jesus hat am Kreuz die Illusionen, die wir uns von uns selbst gemacht haben, zerbrochen. Er hat unsere Masken und Rollen zerbrochen, hinter denen wir uns oft verschanzen, und ist hineingegangen in das innere Heiligtum unserer Seele. In uns ist ein heiliger und heiler Raum, in dem Christus wohnt. Darin ist alles heil und ganz. Dort können die verletzenden Worte von außen nicht eindringen. In dieses innere Heiligtum dringt auch die Verletzung nicht vor, die uns zum Opfer gemacht hat. Trotz aller verletzenden Erfahrungen ist dieser innerste Raum heil und ganz. Das ist die Bedingung, dass wir trotz traumatischer Verletzungen nicht zerbrechen, wir selbst bleiben. Unser tiefstes Selbst ist nicht beschädigt worden, auch nicht durch sexuellen Missbrauch, Gewalt, Folter. Von diesem inneren heilen Raum her soll das Heile und Heilige immer tiefer in unser Bewusstsein dringen.

Wenn wir um diesen inneren heilen Raum wissen, dann können wir »mit Ausdauer in dem Wettkampf laufen, der uns aufgetragen ist, und dabei auf Jesus blicken, den Urheber und Vollender des Glaubens« (Hebräer 12,1f). Der Blick auf Jesus, der sich durch die Schmerzen des Kreuzes nicht abhalten ließ von seiner Hingabe »angesichts der vor ihm liegenden Freude« (Hebräer 12,2), soll uns dazu befähigen, unseren Weg zu gehen, trotz aller Bedrängnisse, trotz aller Verletzungen, die wir erlitten haben und die wir immer wieder erleiden werden. Das Opfer Christi, seine Hingabe am Kreuz, soll uns Vorbild sein, dass wir uns von den Widerständen, die wir in unserem Leben erfahren, nicht entmutigen lassen. Wenn wir auf Jesus am Kreuz schauen, gilt für uns die Verheißung:

> »Dann werdet ihr nicht ermatten und den Mut nicht verlieren.«
>
> Hebräer 12,3

Paulus und Silas

Lukas erzählt in der Apostelgeschichte eine schöne Geschichte, wie wir aus der Opferrolle aussteigen können: Paulus und Silas wurden ins Gefängnis geworfen. Der Grund war, dass sie eine Magd von ihrem Wahrsagegeist befreit hatten. Das hatte dazu geführt, dass ihre Herren sie nicht mehr dazu benutzen konnten, mit ihrer Wahrsagerei für sie Geld zu verdienen. Die Herren zerren Paulus und Silas vor die Stadtbehörden. Diese lassen sie auspeitschen und ins Gefängnis werfen. Man könnte davon ausgehen, Paulus und Silas würden sich als Opfer fühlen, weil sie den Intrigen einiger Leute zum Opfer gefallen sind. Aber die beiden singen um Mitternacht, ihre Füße an einen hölzernen Block geschlossen, auf einmal Loblieder. Sie jammern nicht über ihr Schicksal, sondern schauen auf zu Gott. Sie bitten ihn nicht inständig, er möge sie doch befreien. Nein, sie loben Gott. Mitten in einer aussichtslosen Situation wagen sie es, vor Gott zu singen. Doch während sie Loblieder singen, gibt es ein Erdbeben.

> »Mit einem Mal sprangen die Türen auf, und allen fielen die Fesseln ab.«
>
> Apostelgeschichte 16,26

Der Gefängniswärter ist so beeindruckt, dass er sich zu Christus bekennt. Die Geschichte zeigt, wie wir einen Weg aus der Opferrolle finden können: Indem wir mitten in einer aussichtslosen Situation auf Gott schauen und in seinem Lob zum Ausdruck bringen, dass wir immer in seiner Hand sind und nie daraus fallen können. Dann sehen wir unsere Situation mit anderen Augen: Sie scheint uns nicht mehr aussichtslos, weil wir von Gottes Hand gehalten sind. Und er wird uns nicht fallen lassen.

Diese Geschichte erinnert mich immer an das Wort von Henri Nouwen, den bekannten niederländischen Psychologen und Priester, das er nach seinem Aufenthalt im Trappistenkloster geschrieben hat:

»Klöster baut man nicht, um Probleme zu lösen, sondern Gott mitten aus den Problemen heraus zu loben.«

Er äußerte dies, als er wieder einmal von depressiven Stimmungen niedergedrückt wurde, etwas, das ihn sein ganzes Leben lang begleitet hat. Es hilft nichts, Probleme zu verdrängen. Soweit wir können, sollten wir die Probleme auch lösen. Aber manchmal hilft es, angesichts der Probleme unsere Augen zum Himmel zu erheben und Gott zu loben. Dann löst sich nicht alles in Wohlgefallen auf. Aber unsere Schwierigkeiten werden relativiert. Und dieses Relativieren ist wie ein Zerbrechen der Mauern, die uns gefangen halten, und eine Befreiung von den Fesseln unserer Angst. Wir fühlen uns nicht mehr als Opfer unserer Depressionen oder unserer Schmerzen. Das Loben schenkt uns einen Blick voller Zuversicht und Hoffnung.

6. Spirituelle Wege, Abschied von der Opferrolle zu nehmen

Es gibt keine schnellen Tricks, aus der Opferrolle herauszufinden. Aber Spiritualität ist ein möglicher Weg, ihr nicht ohnmächtig ausgeliefert zu sein. Spiritualität drückt sich immer in konkreten Handlungsweisen aus, entweder in Ritualen oder in der Einübung von Haltungen, die unserem Wesen entsprechen. Spiritualität bedeutete zudem schon für die frühen Mönche immer auch Einübung in die menschliche Freiheit. »Askese« heißt ursprünglich: Training, Übung. Die Mönche trainierten sich, damit sie nicht von den Leidenschaften, Emotionen und Bedürfnissen beherrscht wurden, sondern aktiv und frei mit ihnen umgehen konnten, und zwar so, dass sie die Kraft aus den Leidenschaften für ihr Leben nutzen. Spiritualität war für die Mönche keine fromme Flucht vor den Schwierigkeiten des Lebens, vor den Verletzungen, vor den Opfererfahrungen, vor Krankheit, Unglück, Unfall oder Intrigen. Die Mönche sahen die Realität an, wie sie war. Und entwickelten Strategien, wie sie mit ihrer Situation umgehen konnten.

Auf dem Hintergrund der Spiritualität der frühen Mönche möchte ich jetzt einige konkrete Wege aufzeigen, wie wir uns von der Opferrolle verabschieden können. Dabei beziehe ich mich immer wieder auf die Seelsorgegespräche, die ich in den letzten Jahren mit vielen Menschen geführt habe. Diese Wege gelten in erster Linie für den persönlichen Bereich. Wer möchte, kann sie aber auch als Anregungen sehen, wie man als Opfer einer ungerechten Politik doch Abstand zu seiner Opferrolle finden kann.

Verantwortung übernehmen

Wer sich ständig als Opfer fühlt und aus dieser Haltung keinen Ausweg findet, verweigert damit letztlich die Verantwortung für sich und sein Leben. Wenn Menschen zum Beispiel ständig ihre Eltern anklagen, weil sie daran schuld sind, dass ihr Leben nicht gelingt. Oder immerzu in der Vergangenheit nach Gründen suchen, warum sie das Studium nicht vollenden, am Arbeitsplatz Schwierigkeiten haben, keinen Partner finden. C. G. Jung sagt einmal, irgendwann sei es nicht mehr wichtig, wie die Kindheit gewesen sei. Irgendwann müsse man die Verantwortung für sein Leben übernehmen. Es liegt an mir, was ich aus meiner Lebensgeschichte mache. Man könnte das mit folgendem Bild beschreiben: Aus jedem Material kann man eine schöne Figur formen. Aus Stein, aus Holz, aus Ton. Aber man muss materialgerecht arbeiten. Sonst kommt nichts dabei heraus. Das Material, mit dem ich meine einmalige Form gestalte, die Gott in mein Wesen hineingelegt hat, ist meine Lebensgeschichte mit allen Erfahrungen, die ich gemacht habe, mit den guten

Erfahrungen von Geborgenheit und Geliebtwerden, aber auch mit den Verletzungen, die ich beispielsweise als Kind erlebt habe. Aus dem, was ich erlebt habe, kann ich die Gestalt formen, die meinem wahren Wesen entspricht.

Wer für sich keine Verantwortung übernimmt, der ist auch nicht bereit, in der Gesellschaft Verantwortung zu übernehmen. Wir erleben heute, dass sich immer weniger Menschen der Verantwortung im Verein, in der Pfarrgemeinde, im Betrieb stellen. Lieber bleibt man in der zweiten Reihe stehen. Denn wenn ich Verantwortung übernehme, kann ich auch kritisiert werden. So bleiben viele lieber Zuschauer. Aber dann geht das Leben an ihnen vorbei. Häufig ergehen sie sich darin, ständig über die schlimmen Zustände in der Welt zu schimpfen, dass man meinen könnte, sie seien süchtig nach schlechten Nachrichten. All das lenkt sie davon ab, dass es an ihnen wäre, Verantwortung für sich selbst und für den Bereich zu übernehmen, in dem sie leben und arbeiten.

Wenn ich Menschen zuhöre, die von ihrer Kindheit und ihren tiefen Verletzungen erzählen, versuche ich, die Verletzungen und die schmerzhaften Erfahrungen zu würdigen: Ja, das hat sehr wehgetan. Ich frage sie dann, wie es ihnen jetzt mit dem Schmerz geht. Aber ich frage sie auch immer: »Wie wollen Sie jetzt damit umgehen? Wie können Sie das, was Sie erlebt haben, fruchtbar werden lassen für Ihr Leben?« Hildegard von Bingen spricht von der Kunst der Menschwerdung, die darin besteht, die Wunden in Perlen zu verwandeln. Das geht nicht so einfach, nicht mit reiner Willenskraft. Aber ich brauche die Hoffnung, dass ich den Verletzungen nicht hilflos ausgeliefert bin. Ich kann sie auch mit anderen Augen anschauen: Ich habe Schlimmes erfahren. Aber das ist auch meine Erfahrung, mein Schatz. Er macht mich erfahren im Umgang mit anderen Menschen. Wenn ich Verantwortung für mein Leben übernehme, dann versuche ich, meine Vergangenheit zu verwandeln, dass sie zu einem Schatz der Erfahrung wird, aus dem ich schöpfen kann für heute. Anstatt zu jammern, dass ich benachteiligt bin, kann ich mir vorstellen: Es ist mein Leben. Ich hätte mir vielleicht ein anderes gewünscht. Aber es ist nun mein Leben. Und aus diesem Leben will ich jetzt das Beste machen.

Aktive Handlungsstrategien

In der Begleitung begegne ich oft Menschen, die über ihr Leben jammern: über ihre Krankheiten, die Situation in der Familie, ihren Ehepartner, die Kinder, den Arbeitsplatz, an dem sie sich unter Druck gesetzt fühlen. Wenn ich dann frage, was ihnen helfen könnte, mit der Situation besser umzugehen, dann halten sie kurz inne. Aber statt eine Antwort zu geben, beginnen sie von Neuem über andere Schwierigkeiten zu jammern. Sie bleiben passiv in ihrer Situation verhaftet und sind nicht bereit, etwas zu verändern.

Natürlich ist Veränderung nicht einfach und häufig nicht von jetzt auf gleich möglich. Es geht mir auch nicht so sehr um

Veränderung als vielmehr um Verwandlung. Das Ziel der Veränderung ist, ein anderer Mensch zu werden. Das Ziel der Verwandlung ist, immer mehr ich selbst zu werden. Doch damit sich in meinem Leben etwas wandeln kann, muss ich äußere Dinge verändern. Oder ich muss daran arbeiten, eine Sichtweise oder eine Einstellung zu verändern. Ein Beispiel: Es geht mir schlecht, ich fühle mich als Opfer, weil das Bild, der Plan, den ich mir von meinem Leben gemacht habe, nicht mit der Realität übereinstimmt. Daher muss ich mich von den Illusionen verabschieden, die ich mir gemacht habe, und mein Leben realistisch sehen: Wer bin ich? Was sind meine Fähigkeiten? Und wie kann ich sie so einsetzen, dass es für mich stimmt?

Der Psychoanalytiker und Familientherapeut Bert Hellinger sagte einmal, manche verfolgten die Strategie: »Lieber leiden statt lösen.« Sie bleiben in der Opferrolle, anstatt Wege zu suchen, ihre Probleme zu lösen. Natürlich gibt es Schwierigkeiten, die nicht aufgelöst werden können. Es gibt immer noch genügend, was ertragen, was auch erlitten werden muss. Aber auch hier kann das Leid vorschnell idealisiert werden, man nimmt eine masochistische Haltung ein. Wichtig ist, sich aktiv dem Leid zu stellen und sich zu fragen: Wie können die Umstände verändert werden, damit das Leid gelindert wird? Wenn ich ständig darunter leide, dass mein Ehepartner an mir vorbeiredet, dann sollte ich nicht einfach darüber jammern, sondern mir überlegen, was wir in unserer Kommunikation verbessern können. Wenn ich darunter leide, dass die Arbeitssituation mich überfordert, sollte ich überlegen, wie ich mich bei der Arbeit entweder besser abgrenzen oder mit einer eher spielerischen Einstellung an die Arbeit gehen kann. Ich bin der Situation nie hilflos ausgeliefert. In der Opferhaltung hat man immer das Gefühl, man selbst sei machtlos, es gäbe nichts, was man tun könne. Doch das stimmt nicht. Wir können immer etwas verändern, entweder die äußeren Umstände oder die innere Einstellung. Wir sind nicht hilflos der Situation ausgeliefert. Es gibt immer einen Freiraum, den wir selbst gestalten können.

Einige erzählen mir in der Begleitung, dass es ihnen schlecht gehe, dass sie den ganzen Tag mit negativen Gefühlen herumliefen. Ich frage dann nach den Ursachen. Manchmal sind es Verletzungen und Enttäuschungen, die sie gerade erfahren haben. Oft ist es aber auch ein diffuses Gefühl von Unzufriedenheit, von Unlust, von Traurigkeit, das sie umtreibt. Sie fühlen sich diesem Gefühl ohnmächtig ausgeliefert. Eine Form, aktiv ins Handeln zu kommen, zeigt sich in den Ritualen. Das meint: Ich kann nicht verhindern, dass ich morgens in einer negativen Stimmung aufwache. Aber ich kann dem Tag eine Struktur geben. Ich kann mich morgens mit meiner negativen Stimmung im Gebet an Gott wenden. Oder ich kann den Morgen mit der Segensgebärde beginnen und mir vorstellen, dass ich den Segen Gottes heute in alles hineinströmen lasse, was mir begegnet. Dann schwindet das Gefühl der Ohnmacht und Hilflosigkeit. Es liegt an mir, wie ich den Tagesbeginn gestalte. Das gilt für den gesamten Tag. Rituale strukturieren. Und Rituale machen den Tag zu *meinem* Tag. Ich fühle mich ihm und seinen Anforderungen dann nicht ausgeliefert. Indem ich den Tag selbst gestalte, wandelt sich auch mein Gefühl von Hilflosigkeit. Rituale bringen mich immer wieder in Berührung mit mir selbst. Es ist meine Zeit, eine heilige Zeit, die allein mir gehört, über die die Menschen, die mir übel wollen, keine Macht haben.

Ein Beispiel: Eine Frau erzählte mir, dass sie so unter den lauten Nachbarn leide. Sie habe sich schon ein paarmal beschwert. Aber es half nicht. Sie steigerte sich so in ihre Hilflosigkeit hinein, dass sie es in ihrer Wohnung kaum mehr aushielt. Sie überlegte sich sogar, umzuziehen, was aus finanziellen Gründen jedoch nicht möglich war. Wir sind nie völlig hilflos. Wenn meine Bitte, doch leiser zu sein, nicht erhört wird, kann ich mir selbst helfen, indem ich nachts Ohrenstopfen trage. Wenn der Lärm von draußen zu groß wird, kann ich das Fenster schließen. Wenn das nicht hilft, kann ich überlegen, ob eine neue Verglasung im Fenster möglich ist, die deutlich mehr Lärm abhält. Wir erwarten oft, dass der andere sich ändert. Und wenn er es nicht tut, fühlen wir uns als Opfer und steigern uns oft genug in dieses Opfersein hinein. Jede Begegnung mit dem Nachbarn wird zur Qual, die Feindseligkeit immer größer. Irgendwann hält man es nicht mehr aus. Natürlich gibt es Grenzen, was die Toleranz gegenüber anderen angeht beziehungsweise die Lärmbelästigung oder sonstige Störungen. Dann kann es auch eine aktive Strategie sein, in ein anderes Haus zu ziehen. Es gibt jedoch keine Garantie, dass es mit den neuen Nachbarn besser wird. Zudem gibt es andere Strategien, die man zuerst einmal ausprobieren kann. Den Nachbarn zum Geburtstag einzuladen, kann beispielsweise oft Wunder wirken. Auf einmal erlebt man, dass er gar kein Unmensch ist. Durch Freundlichkeit und Zuwendung kann sich die Beziehung wesentlich verbessern.

Eine Frau erzählte mir, dass ein Bewohner ihres Mietshauses sich gerne bei anderen über irgendetwas beschwert, was ihn stört. Viele leiden darunter und fühlen sich als Opfer. Als dieser Mann sie einmal ansprach und kritisierte, wie sie parkte, reagierte sie freundlich und sagte: »Sie haben recht. Ich werde mich bemühen. Aber manchmal ist es einfach sehr eng.« Das hat ihn völlig verwandelt. Seitdem ist er freundlich zu ihr. Wir meinen häufig, wir seien das Opfer schwieriger Menschen und fühlen uns deshalb nicht gut. Wer jedoch auch diesen mit Offenheit und Freundlichkeit begegnet, kann sie oft verwandeln.

Das erlebe ich auch in Bezug auf den Beruf. Hotelangestellte erzählten mir von einem Gast, bei dem alle schon den Atem anhalten, wenn er das Hotel betritt. Er hat immer etwas auszusetzen. Die Dame, die für Beschwerden zuständig ist, reagierte jedoch ganz gelassen. Sie hat genügend Erfahrungen mit schwierigen Menschen gesammelt und geht freundlich mit ihnen um. Sie fühlt sich nicht angegriffen und nicht als Opfer, sondern hat richtig Freude daran, einen schwierigen Gast in einen freundlichen Menschen zu verwandeln.

In seelsorglichen Gesprächen erzählen mir Männer und Frauen häufig, dass sie sich als Opfer ihrer Ehesituation fühlen. Da fühlt sich eine Frau als Opfer, weil ihr Mann sich in die Arbeit flüchtet. Abends ist er müde. Da kann sie kaum mit ihm über ihre Gefühle sprechen. Wenn sie sonntags spazieren gehen, können sie zwar miteinander reden, aber sobald sie ihn auf seine Gefühle anspricht, verstummt er. Sie fühlt sich als Opfer seiner Sprachlosigkeit, seiner Weigerung, über Gefühle zu sprechen. Sie ist zu sehr darauf fixiert, dass ihre Ehe nur gut ist, wenn ihr Mann dies endlich tut. Doch aktiv auf die Situation zu reagieren, würde für mich anders aussehen, zum Beispiel kreativ mit der Situation umzugehen. Vermutlich möchte ihr Mann nicht reden, weil er sich selbst seiner Gefühle nicht sicher ist oder weil sie ihm Angst machen. Aber seine Frau könnte damit beginnen, ihn beim Spazierengehen auf einen interessanten Baum oder auf den wunderbaren Lichteinfall durch die Bäume hinzuweisen: »Schau mal, wie schön!« Sie äußert dann ihr Gefühl, aber keines, das sie ihrem Mann gegenüber hat, sondern eines, das die schöne Natur in ihr auslöst. Dann kann sie versuchen, diese Gefühle mit ihm zu teilen. Vielleicht kann er dann auch eines äußern, ohne dass es ihm Angst macht.

Ein anderes Beispiel: Ein Mann fühlt sich als Opfer seiner an einer Zwangserkrankung leidenden Frau, die mit ihrer Krankheit das alltägliche Leben erheblich beeinträchtigt. Sie muss ständig alles kontrollieren. Überall lauern Gefahren. Das kann einem nicht nur auf die Nerven gehen, sondern einem wirklich das Leben schwermachen. Der erste Schritt wäre, dass seine Frau sich in Therapie begibt, um von ihrer Zwanghaftigkeit frei zu werden. Wenn sie sich aber weigert, kann ihr Partner trotzdem kreativ darauf reagieren. Er kann die Zwanghaftigkeit bei seiner Frau lassen und sich sagen: »Es ist ihr Spiel, das sie spielt. Aber ich spiele nicht mit. Ich achte nicht darauf. Ich rege mich nicht auf, dass sie da schon wieder eine Gefahr wittert. Ich lasse mich von ihrer Angst auch nicht anstecken. Ich lasse sie bei ihr.« Die Mahnungen, eine Therapie zu machen, haben bisher nicht gefruchtet. Doch wenn er aktiv darauf reagiert, ohne sich von der Zwanghaftigkeit seiner Frau beeindrucken zu lassen, könnte das eher dazu führen, dass sie von sich aus eine Therapie macht. Denn solange sie ihren Mann mit ihrer Angst beeindruckt, verwandelt sie ihre Angst in Macht. Nur wenn er ihr die Macht nimmt, wird sie vielleicht herausgefordert, an sich zu arbeiten. Denn dann ist es ihr Leid. Und sie gerät unter einen Leidensdruck, der sie dazu motiviert, das zu ändern.

Ähnliches erlebe ich bei vielen Eheleuten. Natürlich versuche ich, das Leid zu verstehen. Ich frage nach, was die Ursache ist, was sie bisher unternommen haben, um damit umzugehen. Wenn sie mir antworten, dass all ihre Lösungsstrategien bisher nicht geholfen haben, gebe ich mich damit nicht zufrieden. Ich frage noch einmal, ob sie kreativer damit umgehen könnten. Wenn ihnen nichts dazu einfällt, versuche ich, ein paar Anregungen zu geben oder ihnen aufzuzeigen, was mir in dieser Situation helfen würde. Ich mache mich jedoch auch nicht zum

Opfer ihrer eigenen Hilflosigkeit. Wenn sie auf meine Anregungen nicht eingehen, empfehle ich ihnen, in den nächsten Wochen einmal darüber nachzudenken, ob sie sich immer als Opfer fühlen wollen oder was sie selbst für sich tun können. Wenn sie die Beziehung zum Partner nicht verwandeln können, dann können sie zumindest für sich selbst sorgen. Sie nehmen die Situation, um das in sich zu entwickeln, was bisher zu kurz gekommen ist. Wenn sich in uns etwas wandelt, verwandelt sich normalerweise auch die Beziehung. Wir sind zumindest nicht mehr so fixiert auf den anderen und erwarten nicht allein von ihm unser Heil. Wir können auch selbst etwas dazu beitragen.

Abschied nehmen von Schuldzuweisungen

Wer in der Rolle als Opfer ausharrt, beschuldigt in den meisten Fällen andere, an der eigenen Situation schuld zu sein. Er wird bitter, stellt sich nicht wirklich seinem Leid, sondern geht ihm aus dem Weg, indem er andere beschuldigt. Abschied davon zu nehmen bedeutet in dieser Situation, mit den Schuldzuweisungen aufzuhören. Ich erlebe immer wieder, dass manche die Trauer um einen lieben Menschen dadurch überspringen, dass sie nur darauf aus sind, die Schuldigen für seinen Tod zu finden. Ist es der Arzt oder das Krankenhaus oder sind es die Angehörigen, die diesen Menschen durch ihre Kälte in den Tod getrieben haben? Schuldzuweisungen sind Ausdruck der Weigerung, sich der Trauer und dem Leid zu stellen.

Wir werden uns selbst immer wieder dabei ertappen, dass wir anderen die Schuld dafür in die Schuhe schieben, dass es uns nicht so gut geht. Daher geht es darum, achtsam darauf zu hören, wo das der Fall ist. Dann sollten wir uns bewusst verbieten, über andere zu reden und für unser Leid verantwortlich zu machen: Es ist mein Leben. Ich akzeptiere, dass ich Opfer geworden bin. Das tut weh. Aber ich kreise nicht darum, wen ich dafür beschuldigen kann. Ich nehme das, was mir widerfahren ist, als Herausforderung an mich selbst an. An dem, was mir widerfahren ist, kann ich reifen. Aber nur dann, wenn ich mich ihm stelle. Solange ich die Schuld anderen zuschiebe, werde ich nicht reifen. Ich werde letztlich mit den Schuldzuweisungen der Herausforderung aus dem Weg gehen, die mir das Widerfahrnis stellt.

Umgang mit negativen Gefühlen Ängsten und Depressionen

Sich als Opfer zu fühlen, ist oft mit Angst und manchmal auch mit Depression verbunden. Der Grund ist, dass viele sich in dieser Situation als hilflos erfahren. Und »das Gefühl von Hilflosigkeit löst Angst aus« (Kast 77). Verena Kast meint, dass zur Opferrolle immer auch die Angst gehört (Kast 78). Es ist oft eine lähmende Angst. Um dieser Angst zu entgehen, identifizieren sich viele Opfer mit dem Aggressor, zum Beispiel mit dem strengen Vater. Indem man ihm in seinem Handeln Recht gibt, verschwindet die Angst zumindest für eine Zeit lang. Verena Kast nennt die Identifikation mit dem Aggressor einen Abwehrmechanismus, »den man braucht, um die Situation überhaupt auszuhalten. Denn nur Opfer zu sein ist nicht auszuhalten, und man findet diese Rolle ungerecht. Aus diesem Grund identifiziert man sich sowohl mit dem Angreifer als auch mit seinen Argumenten. Dadurch kann man dann zumindest für den Moment mit der Angst umgehen« (Kast 86f).

Doch auf Dauer wird das weder vor der Angst schützen, noch dem Betroffenen helfen, aus seiner Hilflosigkeit herauszufinden. Was helfen kann, ist ein Gespräch mit der oder über die Angst: Wovor habe ich denn Angst? Was macht mir Angst? Anschließend kann man sich Strategien überlegen, aktiv mit der Angst umzugehen. Wenn ich zum Beispiel Angst vor meinem Vorgesetzten habe, weil er mich immer wieder in die Opferrolle drängt, dann kann ich mir vorstellen: Wie ist dieser Vorgesetzte? Wovor hat er Angst? Macht er mich klein, weil er selbst kleinkariert ist? Solche Fragen entmachten. Sie nehmen dem anderen den Nimbus des Allmächtigen. Eine andere Strategie ist: Ich stelle mir vor, ich gehe ins Theater und schaue zu, was der Vorgesetzte für eine Rolle spielt. Ich selbst spiele jedoch nicht mit. Er spielt gerade: den Angestellten kleinmachen. Ich schaue nur zu und bin nicht der Angestellte, der sich kleinmachen lässt. Viele Opfer fühlen sich hilflos dem Aggressor ausgesetzt. Aber es braucht dazu immer zwei: einen, der zum Opfer macht. Und einen, der sich zum Opfer machen lässt. Wenn ich aus diesem Spiel aussteige, dann hat der Vorgesetzte keine Macht mehr über mich. Und dann wird sich meine Angst vor ihm verlieren.

Mit dem göttlichen Kind in Berührung kommen

C. G. Jung spricht vom »Archetyp« des »göttlichen Kindes« in uns. Das göttliche Kind ist für ihn ein Symbol, das die Gegensätze in uns vereinigt, das uns ganz macht, das unsere inneren Wunden heilt (vgl. Jung, Bd 9,I 178). Jung spricht von dem seelischen Leben, das im Kind ist, noch bevor es Bewusstsein hat (Jung, Bd 9,I 192). Es bringt uns mit Lebensmächten in Berührung, »von denen das Bewusstsein in seiner Einseitigkeit nichts weiß, und eine Ganzheit, welche die Tiefen der Natur einschließt. Es stellt den stärksten und unvermeidlichsten Drang des Wesens dar, nämlich den, sich selber zu verwirklichen« (Jung, Bd 9,I 184). Jeder Mensch hat das göttliche Kind in sich, das ihn mit den heilenden Kräften seiner Seele in Berührung bringt.

Als Kind haben wir uns häufig als Opfer gefühlt: als Opfer von Zurückweisung, von Vernachlässigung, Beschämung, Entwertung oder Ablehnung. Doch schon als Kind haben wir Strategien entwickelt, um uns zu schützen oder wieder herauszufinden aus dieser Haltung. Jedes Kind hat eigene Wege entwickelt, aktiv auf eine solche Erfahrung zu reagieren. Eine meiner Nichten nahm in solchen Fällen ihr Schmusetuch und legte sich irgendwohin in den Garten. Da war sie für sich allein. Das hat ihr offensichtlich gutgetan. In diesem Moment ging sie selbst zärtlich mit sich um. Das hat die Verletzung, die sie spürte, geheilt. Sie war ihr nicht hilflos ausgeliefert. Ein anderes Mädchen hatte im Wald einen Hochsitz entdeckt. Wenn sie sich in der Familie nicht wohlfühlte, weil die Spannung zwischen den Eltern für sie bedrohlich wurde und ihr den Boden unter den Füßen wegzog, ging sie in den Wald und kletterte auf den Hochsitz. Dort saß sie stundenlang und fühlte sich im Wald, in der Natur zu Hause. Sie war geborgen. Sie fühlte, dass es da eine Geborgenheit in der Natur gibt, die sie trägt, selbst wenn die Eltern mit ihren Streitereien ihr keine Geborgenheit schenken konnten. Für C. G. Jung ist es das göttliche Kind, das uns in der Kindheit Orte zeigt, die uns guttun, und Wege weist, die unsere Wunden heilen.

Ein weiteres Beispiel: Ein Mädchen hatte einen alkoholkranken Vater. Wenn er abends nach Hause kam, schrie er nur herum. Sie lief dann einfach aus der Wohnung in den Garten. Dort stand ein Schwan aus Holz, den der Opa für sie gezimmert hatte. Hierhin setzte sie sich und sang. Man könnte auch sagen: Das göttliche Kind in ihr hat ihr einen Weg gezeigt, aus der Opferrolle auszusteigen. Sie war nicht hilflos dem aggressiven Vater ausgesetzt. Der Schwan ist ein Bild der Schönheit und Kraft. Bei den Kelten war er Sinnbild für überirdische Wirklichkeiten. Das Mädchen kam also auf dem Schwan in Berührung mit ihrer eigenen Kraft und Schönheit. Und auf seinen Flügeln flog sie in eine andere, überirdische Welt oder auch in die Welt ihres eigenen Herzens. Das Singen drückte diese eigene innere Welt aus. Da kam das Schöne und Göttliche, das in ihrem Herzen war, zum Ausdruck.

Man könnte auch sagen: Das göttliche Kind in uns hat uns in der Kindheit geholfen, Strategien zu entwickeln, aus der Opferrolle auszusteigen. Es hat uns in Berührung gebracht mit unserer Kreativität, mit der schöpferischen Energie, die in jedem von uns steckt, die aber oft genug verschüttet wurde durch äußere Anpassung an die Situationen, in die wir gestellt wurden.

Das göttliche Kind hat dem kleinen Kind geholfen, sich aus der Opferrolle zu lösen. Es könnte auch heute für uns eine Hilfe sein, Abschied von der Opferrolle zu nehmen. Die Frau, die sich als Kind auf den Schwan setzte, könnte dieses Bild in sich einprägen, damit sie heute anders auf Verletzungen oder Enttäuschungen reagieren kann. Sie könnte dann weg von dem verletzenden Menschen, der sie anschreit oder auf eine perfide Weise beschämt, in ihre eigene innere Welt hineinfliegen. So wie der Schwan sie in eine heile Welt geflogen hat, so könnte sie jetzt in die Welt ihres eigenen Herzens fliegen. Zu dieser Welt hat der verletzende Mensch keinen Zutritt. Da ist sie geschützt und frei. Da spürt sie ein weites Herz, das sich nicht aus Angst vor dem Aggressor zusammenzieht.

Das Kind, das sich auf den Hochsitz zurückgezogen hat, um der bedrohlichen Situation im Elternhaus zu entgehen, könnte diesen als Bild nehmen: Wenn eine Situation für sie bedrohlich wird, wenn sie Angst spürt, dann klettert sie auf den erhöhten Sitz. Von dort oben kann sie auf die bedrohliche Situation herabschauen. Die frühen Mönche haben dieses Bild schon gekannt. Sie sagen, im Gebet solle man gleichsam Zuflucht nehmen zu einem sicheren Ort. Man klettert im Gebet auf den Baum, damit die wilden Tiere einem nicht schaden können.

Wir kommen mit dem göttlichen Kind in Berührung, wenn wir in unsere Kindheit schauen und überlegen, wie wir reagiert haben, wenn wir uns als Opfer fühlten. Wir können das göttliche Kind in uns auch entdecken, wenn wir jetzt im Augenblick sind und in uns hineinhorchen: Was taucht da als innere Intuition auf, wie wir aktiv auf unser Opfersein reagieren könnten? Was ist der innere Zufluchtsort in uns, zu dem wir heute fliehen können, um der Macht des Aggressors zu entgehen? Das göttliche Kind ist zu Hause auf dem Grund unserer Seele, in dem inneren Raum der Stille. Dorthin können wir uns zurückziehen, sind wir geschützt vor dem Aggressor. Dort kann uns niemand emotional erpressen, vermag uns niemand zu verletzen. Sobald wir in eine bedrohliche Situation kommen, sobald wir uns verletzt oder bedrängt fühlen, können wir mitten im Alltag in diesen inneren Raum gehen. Allein die Vorstellung, dass dieser innere Raum der Stille, dass das göttliche Kind in uns ist, gibt uns schon Abstand zu dem, was wir außen erleben. Hier fühlen wir uns mitten im Trubel einer Großstadt bei uns selbst zu Hause, mitten in einer hitzigen Diskussion innerlich ruhig. Wir werden nicht von den äußeren Umständen bestimmt, sondern sind in Berührung mit dem göttlichen Kind.

Das göttliche Kind wurde in den Mythen immer verfolgt. So war es mit Jesus, mit Moses, Ödipus, Krishna, Perseus, Siegfried und Buddha. Für den amerikanischen Psychologen John Bradshaw ist das göttliche Kind »in der Mythologie von göttlicher Herkunft oder ein Held, der Veränderung und Erneuerung bewirkt. In manchen Fällen ist das Kind der Retter, in anderen der Begründer einer neuen Ordnung« (Bradshaw 354). Und es ist immer auch das ausgesetzte Kind wie Moses, der in einem Weidenkorb auf dem Nil ausgesetzt wurde. So erleben wir uns auch selbst. Als Christen kennen wir das von dem göttlichen Kind Jesus. Jesus wird von Herodes verfolgt, muss mit seinen Eltern nach Ägypten fliehen. Aber das Kind wird zum Messias, der uns in die Freiheit führt, und zum Heiland, der unsere Wunden heilt. Er wird selbst ans Kreuz geschlagen. Aber das scheinbare Ende wird zur Überwindung aller feindlichen Mächte. Das Kreuz ist nur der Durchgang zur Auferstehung. Wenn wir das Schicksal Jesu meditieren, kommen wir in Berührung mit dem göttlichen Kind in uns. Dann wächst in uns das Vertrauen, dass das göttliche Kind auch in uns siegen wird. Selbst wenn wir wie Jesus zum Opfer von menschlichen Intrigen werden, das göttliche Kind wird zuletzt doch Sieger sein. Dieses Vertrauen befreit uns von der Angst, in unserer Opferrolle unterzugehen.

Schluss

Wir haben in diesem Buch verschiedene Aspekte des Verhältnisses zwischen Opfer und Täter bedacht. Da sind zunächst die Täter in einer politischen Diktatur, denen viele Opfer hilflos ausgeliefert waren. Hier ging es darum, die Täter zur Rechenschaft zu ziehen, damit sie nicht länger über ihre Opfer triumphieren dürfen. Aber es ging auch um das Betrauern des Unrechts, was die Gesellschaft leisten muss, wenn sie nicht in Oberflächlichkeit erstarren will. Und es ging um die Versöhnung zwischen Opfern und Tätern, damit die Risse zwischen Opfern und Tätern die Gesellschaft nicht weiter auseinandertreiben. Heute erleben wir, dass die mangelnde Aufarbeitung des Unrechts der Deutschen nach dem Krieg die Gesellschaft zu spalten droht. Daher ist die Aufarbeitung des vergangenen Unrechts und der Weg der Versöhnung notwendig, damit unsere Gesellschaft nicht so gespalten wird, wie wir es momentan in den USA erleben.

Ich habe in diesem Buch auch beschrieben, was der französische Philosoph Pascal Bruckner Victimisierung nennt, die Tendenz, sich ständig als Opfer zu fühlen. Diese Haltung breitet sich heute immer mehr aus. Es ist eine Haltung als Zuschauer, der für sich und andere keine Verantwortung übernehmen, sondern immer nur dabei sein möchte. Diese Menschen haben das Gefühl, schlechte Karten zu haben. Daher weigern sie sich, im Spiel des Lebens mitzuspielen. Sie bleiben Zuschauer, nehmen ihr Leben nicht selbst in die Hand, sondern versäumen es. Die Schuld dafür suchen sie jedoch nicht bei sich selbst, sondern bei anderen. Sie haben das Gefühl, dass sie mit der Anklage anderer Menschen ihre Erwartungen an das Leben durchsetzen können. Aber sie tun nichts, um ihre Erwartungen selbst zu erfüllen. Daher ist die Victimisierung nach Ansicht von Pascal Bruckner immer auch mit Infantilisierung verbunden: Man bleibt ein Kind und meint, man hätte das Recht, für immer im »Schlaraffenland« zu leben.

Das Thema, Opfer zu werden, hat mich schließlich auch darauf gestoßen, im persönlichen Leben der Menschen danach zu schauen, wo sie wirklich Opfer geworden sind und immer wieder werden, und wo sie in der Opferrolle bleiben wollen, weil es so bequemer ist. Daher gilt gerade für die Erfahrungen aus dem persönlichen Bereich, den Impuls von Verena Kast zu berücksichtigen, Abschied von der Opferrolle zu nehmen. Ich möchte in diesem Buch niemanden anklagen, auch nicht die, die in dieser Rolle verharren. Es gibt immer einen Grund dafür und zudem ist der Abschied nichts, was man einfach »machen«, nicht einmal einfach so wollen kann. Es braucht Zeit, bis man sich von der Opferrolle verabschieden kann. Aber ich möchte dazu einladen, die Gründe zu erforschen und zu erkennen, die einen in der Opferrolle halten. Diese Erkenntnis ermöglicht, sich langsam daraus zu verabschieden.

Dann habe ich mich auch dem positiven Opferbegriff zugewandt: Opfer als Hingabe, wie wir sie im Opfer Jesu Christi erkennen. Ohne dieses Opfer, ohne Hingabe aus Liebe kann keine Gesellschaft bestehen. Ohne Hingabe kreisen die Menschen nur noch um die eigenen infantilen Bedürfnisse. So ist das Opfer, wie es die spirituelle Tradition versteht, heilsam für die Gesellschaft. Und das Opfer als Hingabe ist auch ein Weg, uns von der Opferrolle zu befreien.

So wünsche ich allen Leserinnen und Lesern, die in irgendeiner Weise Täter geworden sind, dass sie ihr Tun betrauern, sich ihrer Wahrheit stellen und die Konsequenzen daraus ziehen können. Auch die Täter müssen heilwerden, verwandelt werden, damit die Opfer aus ihrer Rolle herauskönnen.

Den Leserinnen und Lesern, die Opfer geworden sind, wünsche ich, dass sie voller Hoffnung die Schmerzen und Erniedrigungen, die sie erlitten haben, anschauen und bearbeiten. Und dass es ihnen irgendwann gelingt, ihr Leben wieder in die Hand zu nehmen.

Ihnen allen wünsche ich, dass sie in ihrem alltäglichen Leben entdecken, wo sie selbst gerne in die Opferrolle schlüpfen oder sich in ihr einrichten möchten. Nur wer das bei sich erkennt, findet auch den Mut, Abschied davon zu nehmen.

Ich möchte mit meinen Ausführungen niemanden überfordern. Jeder steht in seiner je eigenen Lebenssituation und es steht mir nicht zu, das zu beurteilen. Doch ganz gleich, wo wir alle gerade stehen, möge unser Ziel sein, irgendwann Abschied von der Opferrolle zu nehmen. Dann können wir zum Segen für die Menschen in unserer Umgebung werden. Von uns wird dann nicht mehr Bitterkeit und Hass und Rache ausgehen, sondern durch unser Versöhntsein wird Licht in die Welt ausstrahlen, Barmherzigkeit und Liebe, Hoffnung und Friede.

Literatur

John Bradshaw, Das Kind in uns. Wie finde ich zu mir selbst, München 1992.

Bernhard Dieckmann (Hg.), Das Opfer – aktuelle Kontroversen, Münster 2001.

Kirstin Breitenfellner, Wir Opfer. Warum der Sündenbock unsere Kultur bestimmt, München 2013.

Tomáš Halík, Die Christen und der Friede in der Gesellschaft, in: 45. Internationaler Kongreß in Königstein 1995, S. 40–54.

Max Horkheimer, Die Sehnsucht nach dem ganz Anderen, Hamburg 1970.

Carl Gustav Jung, Gesammelte Werke, Band 9,1, Olten 1976.

Verena Kast, Abschied von der Opferrolle. Das eigene Leben leben, Freiburg im Breisgau 1998.

Johann Baptist Metz, Jenseits bürgerlicher Religion. Reden über die Zukunft des Christentums, München 1980.

Alexander und Margarete Mitscherlich, Die Unfähigkeit zu trauern, München 1967.

Joachim Negel, Ambivalentes Opfer. Studien zur Symbolik, Dialektik und Aporetik eines theologischen Fundamentalbegriffs, Paderborn 2005.

Karl Rahner, Schriften zur Theologie, Band 4, Einsiedeln 1960.

Karl Rahner, Schriften zur Theologie, Band 6, Einsiedeln 1965.

Angelika Rohwetter, Versöhnung. Warum es keinen inneren Frieden ohne Versöhnung gibt, Stuttgart 2017.

Claudia Mariele Wulf, Wenn das Ich zerbricht ... Gedanken zum Psychotrauma für Betroffene und ihre Begleiter, Berlin 2014.

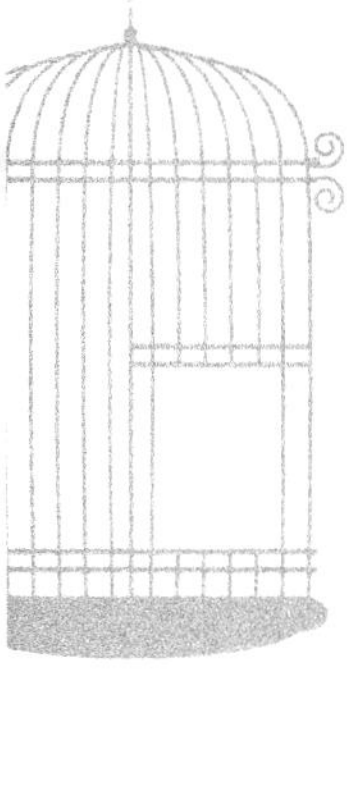

www.vier-tuerme-verlag.de

Taschenseminar zum Nachdenken und Weiterwachsen

Anselm Grün

Zeit für Veränderung

112 Seiten, gebunden, mit Elastikbandverschluss
und Lesebändchen
ISBN 978-3-7365-0221-5

Den Wunsch nach Veränderung kennen wir alle. Doch was soll sich eigentlich alles ändern? Dieses Einschreibbuch mit Impulsen von Anselm Grün lädt dazu ein, innezuhalten, Nachzudenken, und sich zu den eigenen Gedanken Notizen zu machen. Niedergeschrieben haben die persönlichen Ideen Bestand und können weiterverfolgt werden.

Unser Leben ist heute von vielen Unwägbarkeiten geprägt. Es fällt uns daher oft nicht leicht, den eigenen Weg und die passende Aufgabe zu finden. Häufig sind wir auch in die Entscheidung gestellt, ob wir etwas – Kleines oder Großes – ändern wollen oder ob es sich lohnt, durchzuhalten und die Umstände vielleicht noch einmal mit neuen Augen anzuschauen.

Dieses Buch stellt die richtigen Fragen – aber beantworten muss sie jeder Leser für sich. Es lohnt, daran zu arbeiten, mit sich und seiner Aufgabe, seinem Sein im Frieden zu leben. Daher ist viel Platz zum Schreiben und Eintragen. Zudem hält es praktische Impulse und Ideen für den Alltag bereit, um die gefundenen Antworten umzusetzen. So wird das Buch zu einem wichtigen Wegbegleiter, in den man immer wieder gerne hineinschaut, der ergänzt und weitergeschrieben werden kann, bis er zu einem ganz eigenen Buch werden lässt.

Taschenseminar zum Nachdenken und Weiterwachsen

Anselm Grün

Versäume nicht dein Leben

112 Seiten, gebunden, mit Elastikbandverschluss
und Lesebändchen
ISBN 978-3-7365-0222-2

Es ist nie zu spät, mit dem Leben anzufangen! Gerade jüngeren Menschen fällt es schwer, sich angesichts der beinahe unbegrenzten Wahlmöglichkeiten für ihr Leben auf einen Weg festzulegen. Nicht zuletzt, weil sie Angst haben, Fehler zu machen. Andererseits trauern viele ältere Menschen um das, was sie in ihrem Leben versäumt haben, und sind deshalb voller Schuldgefühle und Bitterkeit.

Anselm Grün macht Mut, das Leben selbst in die Hand zu nehmen. Wenn wir es jetzt tun, wird auch das ungelebte Leben zu einem Teil unseres Lebens und unserer Lebendigkeit. Dieses Buch ist eine Einladung, sich selbst auf die Spur zu kommen. Hier finden sich tiefe Fragen und viel Platz, um sie zu beantworten.

Zudem bietet dieses Buch praktische Impulse, die man mit in den Tag nehmen oder über die man mit anderen ins Gespräch kommen kann. Und schließlich Platz und Raum, im Weiterdenken ganz eigene Lösungen und Antworten zu finden. So wird es zu einem wichtigen Wegbegleiter, der zum Wiederlesen, Weiterschreiben und Weiterwachsen einlädt – und schließlich hilft , das Leben zu wagen!

Bibliografische Information der Deutschen Nationalbibliothek

Die Deutsche Nationalbibliothek verzeichnet diese Publikation in der Deutschen Nationalbibliografie. Detaillierte bibliografische Daten sind im Internet über http://dnb.d-nb.de abrufbar.

2. Auflage 2019

Lektorat: Marlene Fritsch
Umschlaggestaltung: Finken & Bumiller, Stuttgart
Druck und Bindung: CPI Books GmbH, Leck
ISBN 978-3-7365-0220-8

www.vier-tuerme-verlag.de